YSGRIFAU AR HANES

Wyneb-lun: Syr Glanmor Williams, Syr Rees Davies
a Dr Gwynfor Evans

COF CENEDL XXI

YSGRIFAU AR HANES CYMRU

Golygydd
GERAINT H. JENKINS

Gwasg Gomer

Argraffiad cyntaf – 2006

ISBN 1 84323 652 4

Dymuna'r cyhoeddwyr gydnabod cymorth
Adrannau Cyngor Llyfrau Cymru.

Argraffwyd gan
Wasg Gomer, Llandysul, Ceredigion

Dychymyg a rydd anadl einioes i esgyrn sychion ffeithiau moel a pheri iddynt fyw.

Glanmor Williams

Cyfrinach y gwir arwr yw ei fod yn codi uwchlaw ei gyfnod ei hun, a'i fod, mewn gair, yn draws-oesol yn hytrach nag yn hanesyddol yn unig.

Rees Davies

Mae'n rhaid rhoi hanes ei wlad ym meddiant y Cymro. Ei hanes yw ei gof. Does gan anwariaid ddim hanes.

Gwynfor Evans

Cynnwys

Lluniau

Rhagair

Fel y gŵyr y cyfarwydd, byddaf yn llunio'r rhagair hwn bob blwyddyn ar 16 Medi, sef Gŵyl Owain Glyndŵr. Gyda chalon drom yr euthum ati eleni oherwydd yn ystod y saith mis blaenorol collwyd tri hanesydd a wnaeth fwy na neb i'n goleuo ynghylch cyfraniad Owain Glyndŵr, ymhlith eraill, i'n bywyd fel cenedl. Yr oeddwn newydd dderbyn copi o argraffiad diwygiedig newydd Gwasg Prifysgol Cymru o lyfr arloesol Glanmor Williams, *Owain Glyndŵr*, llyfr a gyhoeddwyd gyntaf ym 1966 ac a roes ddarlun byw a chryno i ni o'r gŵr carismataidd hwn. Bu Glanmor farw, yn 84 oed, ar 24 Chwefror 2005. Ef yn ddiau oedd ein prif hanesydd. Un o'i gymwynasau olaf oedd traddodi darlith yn Rhydychen i anrhydeddu Rees Davies, hanesydd yr oesoedd canol a oedd newydd ymddeol ac yn bur wael ei iechyd. Ar 16 Mai 2005 bu Rees yntau farw, yn 66 mlwydd oed. Mewn ysgrif lachar – 'Ar Drywydd Owain Glyndŵr' – a gyhoeddwyd yn ail rifyn y gyfres hon, honnodd fel a ganlyn: 'Prin bod neb yn sicrach o'i le yn oriel anfarwolion hanes Cymru nag Owain Glyndŵr', ac aeth yn ei flaen wedi hynny i lunio bywgraffiad Saesneg campus ohono dan y teitl *The Revolt of Owain Glyn Dŵr* (1995). Yn y cyfamser, ar 21 Ebrill 2005, yr oedd Gwynfor Evans, y gŵr a'm hysbrydolodd i ymgymryd â golygyddiaeth *Cof Cenedl*, wedi ein gadael, ac ni flinodd ef erioed ar ddisgrifio Glyndŵr, fel yn wir y gwnaeth John Edward Lloyd, fel 'tad cenedlaetholdeb modern Cymru'. Chwith meddwl bod y tri chofiadur disglair ac amryddawn hyn wedi marw o fewn ychydig fisoedd i'w gilydd. Yn eu meysydd gwahanol yr oeddynt yn gewri tra nodedig a bydd yn anodd, onid yn amhosibl, llenwi'r bwlch enfawr a adawsant ar eu hôl. Ein braint ni oedd cael eu hadnabod ac y mae arnom ddyled drom iddynt am ddiogelu cof ein cenedl – yn Gymraeg ac yn Saesneg – ac am gyfrannu mor helaeth i'n bywyd diwylliannol yn gyffredinol. Heddwch i lwch triwyr gwirioneddol fawr.

Dan yr amgylchiadau trist, nid oes angen dweud mwy na hynny cyn cloi, ond hoffwn ddal ar y cyfle i ddiolch yn gynnes iawn i gyfranwyr y rhifyn hwn am eu cydweithrediad, ac i Dewi Morris Jones, Menna Davies, Nia Davies a Sioned Morgan am eu cefnogaeth ddi-feth. Cefais bob cyfarwyddyd ac anogaeth gan Bethan Mair o Wasg Gomer ac y mae'n dda gennyf unwaith eto ddiolch i holl grefftwyr y wasg honno am sicrhau bod pryd a gwedd y rhifyn hwn mor hardd a gweddus ag erioed.

Gŵyl Owain Glyndŵr, 2005   *Geraint H. Jenkins*

Y Cyfranwyr

Dr BARRY J. LEWIS, Cymrawd Ymchwil, Canolfan Uwchefrydiau Cymreig a Cheltaidd Prifysgol Cymru

Dr PAUL O'LEARY, Uwch-ddarlithydd, Adran Hanes a Hanes Cymru, Prifysgol Cymru, Aberystwyth

Mr EMYR PRICE, Ymchwilydd Annibynnol, Caernarfon

Dr STEPHEN K. ROBERTS, Golygydd, Ymddiriedolaeth Hanes y Senedd

Dr KAREN STÖBER, Darlithydd, Adran Hanes a Hanes Cymru, Prifysgol Cymru, Aberystwyth

Dr HUW WALTERS, Pennaeth Uned Llyfryddiaeth Cymru, Llyfrgell Genedlaethol Cymru

Yr Athro GERWYN WILIAMS, Adran y Gymraeg, Prifysgol Cymru, Bangor

Dymuna'r golygydd a'r cyhoeddwyr ddiolch i'r canlynol am ganiatâd i atgynhyrchu'r lluniau hyn:

Arial Thomas: Rhif 27.
Amgueddfa ac Oriel Genedlaethol Caerdydd: Rhifau 5, 11.
Archifau Gwynedd: Rhifau 25, 28, 30.
Archifdy Prifysgol Cymru, Bangor: Rhif 29.
Asiantaeth Gwasg Keystone: Rhif 23.
Barry J. Lewis: Rhif 12.
Canolfan Hanes a Chelfyddydau Y Drenewydd (Butetown): Rhif 24.
Comisiwn Brenhinol Henebion Cymru: Hawlfraint y Goron: Rhif 4.
Cymdeithas y Wasg: Rhifau 33, 35.
Deilwen Hughes: Rhif 26.
Elwyn Ioan: Rhif 32.
Gweinyddiaeth Amddiffyn: Rhif 34.
Karen Stöber: Rhif 3.
Llyfrgell Bodley, Rhydychen: Rhif 7.
Llyfrgell Ganol Caerdydd: Rhifau 21, 22.
Llyfrgell Genedlaethol Cymru: Wyneblun; rhifau 1, 2, 6, 8, 10, 15, 17, 31, 36.
Perchenogion Castell Ffwl-y-mwn, Bro Morgannwg: Rhif 16.
Prifathro a Chymrodyr Coleg Iesu, Rhydychen: Rhif 9.
Western Mail: Rhif 20.
Y Llyfrgell Brydeinig: Rhifau 13, 14.
Yr Archifau Cenedlaethol: Rhif 9.
Yr Oriel Ddarluniau Cenedlaethol, Llundain: Rhif 18.

'DUWIOLDEB, STATWS A THRADDODIAD': TAI CREFYDD CYMRU A'U NODDWYR YN YR OESOEDD CANOL

Karen Stöber

I nen fawr uchel yn y nef wreichin
Goruwch 'y ngolwg archangylion;
Y llawer i bobloedd holl wŷr Bablon
Obry a weithiwyd â main brithion;
Y clych a'r menych â'r mwynion – foliant,
Mynych 'Ogoniant' meneich gwnion.

Lewys Morgannwg

Y mae'r llu o dai niferus ar gyfer mynachod, canoniaid a lleianod, a oedd mor nodweddiadol o liw a llun Ewrop Gristnogol gynt (ac mewn sawl ffordd y maent o hyd) wedi ennyn diddordeb mawr ers eu hymddangosiad cyntaf yn y bedwaredd ganrif. O'r cychwyn cyntaf yr oedd y cymunedau mynachaidd ynghlwm wrth y gymuned leyg ar sawl lefel, er iddynt geisio yn daer yr un pryd i ymbellhau oddi wrthi er mwyn dilyn bywyd ysbrydol pur. Yr oedd gan y gymuned leyg gryn barch at y grwpiau o ddynion a menywod duwiolfrydig hyn, yn enwedig at eu pwyslais ar fyfyrdod a hunanymwadiad, yn ogystal â'r effaith y tybient y câi eu gweddïau a'u gweithredoedd elusennol arnynt. Gwyddai lleygwyr mor bwysig oedd y cymunedau sanctaidd hyn o safbwynt tynged eu heneidiau, megis y posibilrwydd o leddfu arswyd y Purdan, hynny yw, achub eneidiau y rhai a oedd â'r modd ariannol i fforddio gwaddoli tai crefydd.

Yng Nghymru, fel yng ngweddill Ewrop Gristnogol, yr oedd mynachlogydd a lleiandai yn rhan anhepgor o fywyd cymdeithasol yr Oesoedd Canol. Yr oedd y gymuned leyg yn ymwneud â'r cymunedau crefyddol hyn mewn sawl ffordd. Darparai recriwtiaid ar gyfer yr holl dai crefydd a gynyddai'n gyflym ledled y wlad rhwng y ddeuddegfed ganrif a dechrau'r bedwaredd ganrif ar ddeg. Byddai hefyd yn eu gwaddoli ac yn masnachu â hwy. Darparai'r crefyddwyr, ar y llaw arall, wasanaethau angenrheidiol ar gyfer y gymuned leyg: byddent yn claddu eu meirw, yn gweddïo dros eu heneidiau, ac yn darparu gyrfaoedd derbyniol ar gyfer eu meibion iau a'u merched dibriod.

Darperid nawdd ar gyfer y mynachdai yn Lloegr yn wreiddiol gan frenhinoedd Eingl-Sacsonaidd a phendefigion uchaf eu cymdeithas hwy, ac yna gan y Normaniaid a'r urddau crefyddol newydd yn ystod y ddeuddegfed ganrif. Ond ni cheid yng Nghymru unrhyw sefydliadau mynachaidd brenhinol mor gyfoethog a rhwysgfawr ag

Abaty Westminster, yr Hen Fynachlys yng Nghaer-wynt
(Hampshire), neu Abaty St Albans (swydd Hertford). Yn
hytrach, disodlwyd system frodorol y *clas* cyn-Normanaidd
gan y sefydliadau newydd a gyflwynwyd gan yr
ymsefydlwyr Eingl-Normanaidd pan gyraeddasant Gymru
yn niwedd yr unfed ganrif ar ddeg. Cyn i'r ganrif honno ddod
i ben ymddangosodd sawl tŷ crefydd Urdd Sant Benedict
newydd yng Nghymru. Yr oedd priordai, megis Trefynwy
(cyn 1086), Y Fenni (tua 1087) a Phenfro (tua 1098), ymhlith
y mynachlogydd cyntaf i'w sefydlu dan nawdd y
Normaniaid yng Nghymru, ychydig cyn sefydlu priordai'r
Benedictiaid yn Aberhonddu (tua 1110), yn Allteuryn (1113),
ac yng Nghas-gwent (tua 1135-50). Cyn i'r ganrif ddod i ben,
yr oedd *élite* newydd Eingl-Normanaidd wedi sefydlu sawl
tŷ crefydd newydd, fel arfer yn agos i'w prif gartrefi, o fewn
y tiroedd newydd a dderbyniasant gan Gwilym Goncwerwr
yn wobr am eu teyrngarwch a'u gwasanaeth yn sgil Brwydr
Hastings. Erbyn chwarter cyntaf y ddeuddegfed ganrif yr
oedd y datblygiadau hyn wedi dechrau cyflymu, a sefydlwyd
llu o fynachlogydd gan y frenhiniaeth yn ogystal â chan y
bendefigaeth. Perthynai bron y cyfan o'r mynachdai newydd
hyn i Urdd y Benedictiaid neu dalient gysylltiad ag Urdd
Cluny. Yr oeddynt yn aml yn ganghennau i sefydliadau yn
Ffrainc, ac anfonid mynaich o Ffrainc i Gymru a Lloegr yn
gyson er mwyn gwasanaethu'r tai crefydd newydd yno. At ei
gilydd dibynnai tai'r Benedictiaid yng Nghymru nad oedd yn
ganghennau i sefydliadau yn Ffrainc ar fynachlogydd
llewyrchus yn Lloegr, megis Abaty Tewkesbury (swydd
Gaerloyw) neu Abaty Caerloyw. Fel arfer, symudai o leiaf
ran o gymuned y fam-sefydliad i'r fynachlog newydd er
mwyn helpu sefydlu'r gymuned newydd yno, ac yna denid
recriwtiaid o'r gymuned leol a ddeuai'n rhan ohoni mewn
mwy nag un modd. Erbyn y drydedd ganrif ar ddeg yr oedd
gan y Benedictiaid yng Nghymru gynifer â naw o briordai a
chelloedd, yn ogystal ag un lleiandy, a hefyd ddwy gell a

oedd yn perthyn i Urdd Cluny. Lleolwyd bron y cyfan ohonynt yn ne a de-ddwyrain Cymru.

Cymharol fyrhoedlog, serch hynny, fu goruchafiaeth y Benedictiaid yng Nghymru. Lai na dau ddegawd wedi sefydlu mynachlog gyntaf y Benedictiaid yn Nhrefynwy, gweddnewidiwyd mynachaeth ym Mhrydain. Cafodd y newidiadau hyn effaith bwysig dros ben ar nifer y noddwyr lleyg yn ogystal ag ar recriwtiaid i'r mynachdai. Achoswyd y newidiadau gan ddyfodiad nifer o urddau crefyddol newydd i Brydain. Yn eu plith yr oedd, ar y naill law, y canoniaid Awstinaidd neu'r canoniaid rheolaidd, ac ar y llall y mynaich Sistersaidd, i enwi dim ond dau o'r urddau crefyddol mwyaf llwyddiannus a ymsefydlodd ym Mhrydain yn ystod y cyfnod hwn. Yr oedd yr Awstiniaid yn bresennol yng Nghymru a Lloegr o ddiwedd yr unfed ganrif ar ddeg ymlaen. Ymhlith y tai cyntaf a sefydlwyd gan yr urdd hon oedd y priordy bach yn Llanddewi Nant Hodni yn sir Fynwy, a alwyd yn ddiweddarach yn Llanthony Prima. Fe'i hagorwyd ym 1108 ym mhresenoldeb Hugh de Lacy, sefydlydd y tŷ. Cyn bo hir dilynwyd y canoniaid rheolaidd gan Fynaich Gwynion Urdd Cîteaux, sef y Sistersiaid, a oedd wedi cyrraedd Cymru o Ffrainc erbyn 1131. Gan fod eu tai crefydd yn gymharol rad i'w sefydlu, rhoddai'r Sistersiaid gyfle i wneud hynny i leygwyr llai cyfoethog, a oedd bellach yn cynnwys dynion a menywod o statws is. Wedi iddynt dderbyn y gwaddolion cyntaf, at ei gilydd llwyddai'r canoniaid rheolaidd i'w cynnal eu hunain trwy ddegymau a chyllid eu heiddo a'u heglwysi plwyf. O ganlyniad, yr oeddynt yn llawer llai dibynnol ar waddolion parhaol gan eu noddwyr. Gallent hefyd dderbyn eiddo yn waddol a oedd o fawr ddim gwerth i'w noddwyr. Felly, gallai'r canoniaid Awstinaidd roi cyfle i leygwyr ofalu am eu heneidiau yn y bywyd nesaf heb orfod dioddef gormod o galedi yn y bywyd hwn. Yr oedd yr un peth yn wir am y Sistersiaid. Gan fod eu ffordd o fyw mor ddarbodus a llym, daethai mynaich

Sistersaidd yn hynod o boblogaidd ymhlith sefydlwyr a
noddwyr mynachlogydd. O dro i dro câi darn o dir ymylol a
oedd o fawr ddim gwerth i'r rhoddwr ei roi i'w cymunedau.
Ambell waith hefyd câi mynachdai Sistersaidd eu sefydlu
mewn pentrefi a oedd eisoes yn bodoli, ar draul y gymuned
seciwlar a drigai yno. Drwy gymorth y *conversi* neu'r
brodyr lleyg a oedd yn byw ac yn gweithio yn eu
cymunedau, daeth y Sistersiaid yn ffermwyr ac yn
fasnachwyr gwlân llwyddiannus.

Yng Nghymru, fel yn Lloegr, newidiodd y sefyllfa yn sgil
dyfodiad yr urdd boblogaidd a dylanwadol hon. Ond, yn
wahanol i Loegr (ac eithrio swydd Efrog, efallai), datblygodd
y Sistersiaid ymhen fawr o dro i fod yn urdd grefyddol
bwysicaf Cymru. Yr oedd cwlwm agos rhyngddynt a'r
cymunedau lleyg lleol, ac yr oeddynt yn rhan o wead
gwleidyddiaeth yr oes. A dyfynnu Glanmor Williams:

> Ni bu'r urdd heb ei beirniaid ond ar ei gorau roedd y
> fynachlog Sistersaidd yn ynys o addoliad trefnus, yn
> grud i ddiwylliant, yn noddwr llenyddiaeth ac yn
> arloeswr yn y grefft o fagu defaid a chynhyrchu gwlân.
> Enillodd yr urdd le ar ei phen ei hun yn serchiadau'r
> tywysogion a'u deiliaid a chafodd ei gwaddoli'n hael.

Fel yn achos tai'r Benedictiaid, sefydlwyd rhai o'r abatai
Sistersaidd newydd gan deuluoedd Eingl-Normanaidd ar eu
tiroedd yng Nghymru. Ond cafodd gweddill tai y Mynaich
Gwynion eu sefydlu a'u noddi gan dywysogion Cymru, ac y
mae'r ffaith fod cynifer o'r tywysogion hynny wedi eu
claddu mewn abatai yn arwydd o'u hymlyniad i'w
cenhadaeth. Sefydlwyd y fynachlog Sistersaidd gyntaf yng
Nghymru, sef Abaty Tyndyrn, gan Walter FitzRichard de
Clare, Arglwydd Cas-gwent, ym 1131. Fe'i dilynwyd gan lu
o sefydliadau cyffelyb, ac erbyn dechrau'r drydedd ganrif ar
ddeg ceid yng Nghymru dair ar ddeg o fynachlogydd
Sistersaidd yn ogystal â dau leiandy. A bod yn fanwl gywir,

1 Samuel a Nathaniel Buck, *The West View of Stratflour Abby, in the County of Cardigan* (1741).

mynachlogydd Savignaidd yn hytrach na rhai Sistersaidd oedd nifer o'r tai hyn, gan gynnwys Dinas Basing (sir Y Fflint) a Mynachlog Nedd (Morgannwg), a sefydlwyd flwyddyn cyn sefydlu Tyndyrn, eithr fe unodd y ddwy urdd dan y Sistersiaid ym 1147.

Yn ogystal â darparu dewis mwy darbodus i leygwyr duwiolfrydig, yr oedd dyfodiad y cymunedau crefydd newydd hyn yn cynnig rhagor o ddewis i sefydlwyr a noddwyr mynachaidd. Yn aml pleidiwyd achos y naill neu'r llall o'r urddau newydd yn hytrach na sefydlu tŷ arall o blith mynaich y Benedictiaid neu'r Clywiniaid. Ymhen oddeutu canrif a hanner yr oedd yn agos i 200 o dai canoniaid Awstinaidd wedi eu sefydlu yn Lloegr, ac wyth yng Nghymru, yn ogystal â thua 70 abaty o eiddo'r Sistersiaid. Fodd bynnag, prin yr oedd cymunedau newydd yr Awstiniaid a'r Sistersiaid wedi ymsefydlu yng Nghymru a Lloegr pan ddaliwyd sylw'r gymuned leyg gan ffenomen grefyddol hollol newydd, sef y Brodyr Cardod. Unwaith eto, yn union fel y digwyddodd ganrif ynghynt, cafodd dyfodiad y grwpiau crefyddol newydd hyn effaith ddofn ar weithgarwch y sefydlwyr a'r noddwyr hynny a allai ddwyn budd i'r mynachlogydd. Megis yn achos yr Awstiniaid a'r Sistersiaid, daeth cysyniadau hollol newydd y Brodyr Cardod yn boblogaidd dros ben ymhlith cymwynaswyr lleyg ar ôl iddynt gyrraedd Lloegr, ac yna Gymru, yn ystod hanner cyntaf y drydedd ganrif ar ddeg.

Y Dominicaniaid, neu'r Brodyr Duon, oedd y cyntaf i gyrraedd glannau Prydain, gan ymsefydlu yn Lloegr ym 1221 ac yng Nghymru erbyn 1242. Priordy Caerdydd oedd eu mynachlog gyntaf yng Nghymru, a sefydlwyd rhagor o dai wedyn yn Hwlffordd (tua 1246), Bangor (tua 1251), Rhuddlan (tua 1258) ac Aberhonddu (tua 1269). Dilynwyd y Brodyr Duon gan y Ffransisiaid, neu'r Brodyr Llwydion, a gododd dri thŷ yng Nghymru, y cyntaf yn Llan-faes (Caernarfon) ym 1245, a'r ddau arall yng Nghaerdydd a

Chaerfyrddin (erbyn 1284). Prin fu presenoldeb Urdd y Carmeliaid, neu'r Brodyr Gwynion, nac ychwaith y Brodyr Awstinaidd yng Nghymru. Dim ond un gymuned yr un a sefydlwyd yma gan y ddwy urdd hyn, y gyntaf ohonynt yn Ninbych tua 1343 a'r llall yng Nghasnewydd ym 1377.

Parhawyd i sefydlu tai crefyddol am ryw gan mlynedd arall – daeth y llif i'w anterth yn ystod ail hanner y ddeuddegfed ganrif. Erbyn y bedwaredd ganrif ar ddeg yr oedd dros fil o fynachlogydd wedi eu sefydlu ledled Cymru a Lloegr, er mai byrhoedlog fu hanes sawl un, yn aml oherwydd diffyg gwaddolion yn y lle cyntaf, a hefyd eu hanallu i'w cynnal eu hunain. Serch hynny, yr oedd o leiaf 46 abaty a phriordy yn bodoli yng Nghymru yn ystod y cyfnod hwn, gan gynnwys naw mynachlog a chell Fenedictaidd, yn ogystal â dwy gell o eiddo'r Clywiniaid, 13 abaty Sistersaidd, un tŷ y Bonhommes, tri phriordy yn perthyn i Urdd Tiron – gan gynnwys eu tŷ cyfoethocaf – ac unig abaty'r urdd yng Nghymru a Lloegr yn Llandudoch, wyth tŷ y canoniaid Awstinaidd, un abaty y canoniaid Premonstratensaidd, un priordy lleianod Sant Benedict a dau leiandy'r Sistersiaid, heb sôn am sefydliadau crefyddol eraill.

Ni chafwyd llewyrch pellach, fodd bynnag, ac o ganol y drydedd ganrif ar ddeg ymlaen dechreuodd nifer y sefydliadau mynachaidd newydd ostwng. Nid oedd yr un galw amdanynt mwyach am sefydliadau mynachaidd newydd ac, ar yr un pryd, ceisiai'r mynachdai mwyaf goludog gyfyngu ar niferoedd eu brodyr er mwyn gallu cynnal safonau byw uwch. Ac eithrio'r Carthwsiaid, nad oedd erioed wedi sefydlu'r un fynachlog yr ochr hon i Glawdd Offa, prin iawn fu nifer y tai crefydd a sefydlwyd ar ôl y flwyddyn 1300. Daethai mathau gwahanol o sefydliadau crefyddol yn fwyfwy poblogaidd ymhlith noddwyr a chymwynaswyr lleyg, gan gynnwys y brodyr, siantrïau, a cholegau seciwlar, a hwy yn raddol a enillai sylw a haelioni'r gymuned leyg ar draul y mynachlogydd traddodiadol. Yn ddi-os, felly, parhau i fuddsoddi mewn duwioldeb a wnâi lleygwyr. O ddechrau'r bedwaredd ganrif ar ddeg ymlaen, ni sefydlodd y Benedictiaid na'r Clywiniaid fwy na dyrnaid o dai newydd yn Lloegr, a dim un yng Nghymru. Dau abaty newydd yn unig a sefydlwyd gan y Sistersiaid, ac nid oedd yr un ohonynt yng Nghymru, ac yr oedd pob un o'r wyth fynachlog newydd a sefydlwyd gan y canoniaid Awstinaidd ar ôl 1300 wedi eu lleoli yn Lloegr. Dim ond un sefydliad mynachaidd newydd a sefydlwyd yng Nghymru, sef tŷ urdd fechan y Bonhommes yn Rhuthun.

Ystyrid rhoi nawdd i dŷ crefydd yn fraint arbennig gan leygwyr yng Nghymru'r Oesoedd Canol, fel yng ngweddill Ewrop. Ystyr y term 'noddwyr' yn y cyd-destun presennol yw noddwyr etifeddol y tai crefydd, hynny yw etifeddion y sefydlwyr gwreiddiol a etifeddasai adfowson mynachlog a sefydlwyd gan eu hynafiaid a'u rhagflaenwyr. Cyfrifid menywod yn ogystal â dynion ymhlith noddwyr mynachaidd Cymru a Lloegr, a byddai'r naill a'r llall yn gadael eu hôl ar y tai crefydd dan eu nawdd er, fel y digwyddai'n bur aml, gwelir enwau noddwyr gwrywaidd yn amlach o lawer yn y dogfennau na rhai benywaidd. Yn ddigon aml, gweithredent ar ran eu gwragedd, eu chwiorydd neu eu merched, neu yn ôl eu gorchymyn hwy.

Y mae'r gwahaniaeth rhwng cymwynaswr a noddwr yn sylweddol. Byddai cymwynaswr yn rhoi arian, neu rodd o dir neu eiddo, yn ogystal ag anrhegion eraill i fynachlog o'i ddewis, ac yn gyfnewid am hynny câi'r hawl i gael ei gladdu yno. Byddai'r sawl a oedd yn eithriadol dda ei fyd yn noddi mwy nag un fynachlog neu leiandy, a gallai fod yn gymwynaswr i gymunedau eraill yn ogystal. O'r herwydd, edmygid cymwynaswyr arbennig o hael yn fawr gan y gymuned grefyddol. Fe'u gelwid yn 'noddwyr' weithiau yn nogfennau'r tai crefydd, ac ar adegau caent afael ar adfowson y tai. Digwyddai hyn o dro i dro drwy gydsyniad y gymuned grefyddol, ond ar adegau hefyd ceid gwrthdaro go iawn pan geisiai'r naill blaid neu'r llall, neu'r ddwy, gymorth allanol o du esgob neu frenin er mwyn datrys y gynnen. Ar y llaw arall, etifeddu a wnâi'r noddwyr etifeddol. Etifeddent deitl noddwr tŷ crefydd, neu sawl tŷ crefydd, a hefyd hawliau a breintiau, yn ogystal â dyletswyddau noddwr mynachaidd. Nid oeddynt wedi dewis bod yn noddwr i'r fynachlog neu'r lleiandy yr oeddynt wedi etifeddu adfowson iddynt. Dichon nad oedd gan lawer ohonynt ddim diddordeb yn y tŷ na'r gymuned grefyddol, heb sôn am unrhyw fath o ymlyniad wrthynt. Efallai nad oeddynt erioed wedi ymweld â'r tŷ na rhoi unrhyw beth i'w gymuned. O ganlyniad, byddai enw cymwynaswr i fynachlog yn ymddangos yn amlycach yng nghofnodion y tŷ na'r noddwr go iawn, yn enwedig os oedd y berthynas rhwng y cymwynaswr a'r gymuned grefyddol yn un ffrwythlon a chyfeillgar. Wedi'r cwbl, yr oedd cymwynaswr hael a chefnogol yn fwy defnyddiol i gymuned o fynaich neu leianod nag yr oedd noddwr absennol a chanddo ddim diddordeb yn y tŷ. Yn anaml iawn y byddid yn gwerthu adfowson mynachlog, ond digwyddodd hynny yn achos priordy Benedictaidd Penbedw (swydd Gaer), a fu yn nwylo teulu Massey o Dunham ers ei sefydlu tua 1150. Ym 1361 prynodd Roger Lestrange adfowson y priordy gan etifeddion Hamon de Massey, ond erbyn 1397 yr oedd wedi ei werthu gan John Lestrange i John Stanley o Lathom. Urddwyd disgynnydd John Stanley, sef Thomas, Arglwydd Stanley, yn iarll Derby ym 1485, a diogelwyd y nawdd gan ei olynwyr. Prin, fodd bynnag, fu nifer yr achosion o werthu nawdd mynachaidd yng Nghymru, ac felly nid oes modd dweud a oedd hwn yn ddatblygiad arwyddocaol ai peidio.

Nid gweithred dduwiolfrydig yn unig oedd sefydlu mynachlog. Yr oedd hefyd yn fynegiant o statws a chyfoeth noddwr, gan ei bod hi'n fenter ddrud iawn i sefydlu hyd yn oed un llai ei maint. Ceisiodd sawl lleygwr sefydlu a chynnal tŷ crefydd, gan fethu'n alaethus yn y diwedd. Byddai gwaddolion annigonol yn gychwyn pur simsan i

gymuned grefyddol, ac oni cheid rhoddion hael i'w chynnal
wedi hynny nid oedd fawr obaith iddi lwyddo. Byddai
sefydlu tŷ crefydd yn weithred bersonol hefyd. Cymerai
sefydlydd abaty neu briordy ran yn y gwaith o sefydlu ei
fynachlog neu ei leiandy newydd. Ymwnâi'n *bersonol* â'r
proses hwn, ac yn aml codid y sefydliad newydd ar dir a
roddwyd neu a ddewiswyd ganddo ef. Yn ystod y cyfnod
cynharach yn enwedig, yr oedd tuedd i sefydlu tai crefydd
newydd yn agos i brif gartref, neu *caput*, y sefydlydd ei hun.
Felly, deuai mynaich, canoniaid neu leianod y gymuned
newydd yn gymdogion iddo, yn ogystal ag yn noddedigion.
Y sefydlydd ei hun fyddai'n dewis safle ar gyfer ei fynachlog
newydd, ac ef hefyd a ddewisai'r urdd grefyddol, ac yn aml
iawn hyd yn oed y fam-fynachlog er mwyn dechrau ei
gymuned grefyddol newydd. Byddai'r cysylltiadau rhwng y
cymunedau crefyddol a'u sefydlwyr yn bur agos. Darparai
sefydlwyr ar gyfer eu habatai a'u priordai newydd drwy roi
tiroedd ac eiddo iddynt, a thrwy sicrhau hawliau a
breintiau'r mynachlog wrth sefydlu'r tŷ. Yn ddigon aml,
gosodai'r sefydlydd ei hun garreg sylfaen ei fynachlog, neu
byddai o leiaf yn bresennol yn y seremoni. Ymddengys fod y
ddwy blaid, sef y cymunedau crefyddol ar y naill law, a'r
sefydlwyr a'r noddwyr cynnar ar y llall, yn ymwybodol iawn
o'u hawliau a'u dyletswyddau. Disgwylid i noddwyr tŷ
crefydd fod yn warchodwyr ac yn adfocadau, yn gefnogwyr
ac yn arglwyddi. Byddent yn gwaddoli'r mynachlogydd a'r
lleiandai a oedd dan eu nawdd, ac yn ymweld â hwy.
Byddent yn cadarnhau penodiad abadau a phrioriaid
newydd, a dewisent hoff fangre yn gofadail iddynt hwy a'u
teuluoedd. Yn aml byddent yn ymuno â'r gymuned
grefyddol fel mynaich neu leianod, ambell waith pan
oeddynt eisoes ar eu gwely angau. Hwy oedd â gofal am y tŷ
a'i diroedd ar adegau pan na fyddai abad neu brior ar gael yn
y gymuned, ac weithiau camddefnyddid yr hawl honno gan
noddwr ariangar. Disgrifid y noddwyr, ar y llaw arall, yn

fundator, yn *advocatus*, neu yn *patronatus* gan eu cymunedau crefyddol. Cydnabyddid y noddwr mynachaidd yn y gyfraith ganonaidd, ac yr oedd yn ymwybodol iawn o'r manteision a gâi drwy estyn nawdd i fynachlog.

Rhoddai noddwr dylanwadol a grymus gryn dipyn o sicrwydd i fynachlog, a hynny mewn mwy nag un ffordd. Darparai ddiogelwch ariannol yn ogystal ag ymgeledd rhag ymyrraeth allanol, gan gynorthwyo'r fynachlog i ennill hawliau a breintiau gan frenin a phab. Yn ystod hanner cyntaf y ddeuddegfed ganrif, er enghraifft, cododd Robert FitzMartin, mab sefydlydd mynachdy Llandudoch, statws y tŷ hwnnw o fod yn briordy i fod yn abaty, yn ogystal ag ychwanegu gwaddol at yr hyn a roddwyd o'r blaen gan ei dad. Gallai nawdd gan bendefig grymus hefyd ychwanegu at fri tŷ crefydd – yn union fel yr oedd mynachdy yn symbol o statws i'w noddwr. Yn sgil cefnogaeth noddwr hefyd deuai cynhaliaeth ariannol a materol, yn ogystal ag arian ar gyfer adeiladu, ailadeiladu a thrwsio o fewn eu mynachlogydd. Yn ddigon aml, eu cefnogaeth ariannol a'u menter hwy a wnâi gwaith fel hwn yn bosibl yn y lle cyntaf. Cafodd corff eglwys Priordy Y Fenni, er enghraifft, ei ailadeiladu dan nawdd teulu Hastings yn ystod y bedwaredd ganrif ar ddeg. Gwnaed rhai mân newidiadau terfynol i adeiladau priordy bach Ewenni ym Morgannwg drwy haelioni ei noddwyr tua 1300: ail-luniwyd dau o'i fynedfeydd, ac ychwanegwyd tŵr i fynedfa'r fynwent. Erbyn hynny, sut bynnag, yr oedd haelioni'r noddwyr fwy neu lai wedi peidio gan fod y nawdd wedi ei throsglwyddo i dŷ Lancaster yn ystod y drydedd ganrif ar ddeg oherwydd methiant biolegol teulu Chaworth, cyn-noddwyr i'r priordy, i gynnal y llinach wrywaidd. Yn y pen draw trowyd y priordy yn un brenhinol pan esgynnodd Dug Lancaster, noddwr y tŷ ar y pryd, i orsedd Lloegr ym 1399.

Ychwanegodd rhai noddwyr diweddarach gymaint at waddol eu tai fel y caent eu hystyried yn 'ail sefydlwyr' o ganlyniad i'w gweithgarwch. Dyna a ddigwyddodd yn achos Roger Bigod III, iarll Norfolk, noddwr etifeddol abaty Sistersaidd Tyndyrn o 1245 ymlaen. Cyn iddo farw gadawodd yr iarll di-blant hwn roddion arbennig o hael i fynaich Tyndyrn, sef nifer o diroedd a maenorau yn Norfolk. Yn ddiweddarach, ystyrid y rhain yn 'feddiannau unigol mwyaf gwerthfawr yr abaty hwn'. Oherwydd ei haelioni a'r diddordeb a ddangosai yn ei fynachlog, disgrifiwyd Roger Bigod fel 'sefydlydd' yr abaty gan yr awdur William Worcestre yn y bymthegfed ganrif. Daliai cymuned Sistersaidd Tyndyrn i ganmol ei enw, i weddïo drosto ac i ddosbarthu elusennau 'er llonyddwch ei enaid' hyd at ddiddymiad y fynachlog.

Dengys y siartrau sydd wedi goroesi drwy hap fod trafodion ariannol rhwng mynachlogydd a'u noddwyr, a gynhwysai waddol o dir a/neu eiddo, yn parhau'n rhan sylweddol o'r gyfundrefn nawdd yn ystod yr Oesoedd Canol Diweddar. Fel rheol yr oedd gwaddolion y mynachlogydd yn ddigonol erbyn y cyfnod hwn, diolch i roddion mawr a mân, gan gynnwys tiroedd, eiddo ac eglwysi plwyf, yn ystod y canrifoedd blaenorol. Yn aml, ychwanegai noddwyr yn ystod y cyfnod mwy diweddar at waddol cynharach er mwyn cefnogi a chynnal tŷ yr honnid ei fod yn rhy dlawd i'w gynnal ei hun. Anodd dweud i ba raddau y gellid cyfiawnhau honiad o'r fath. Yn aml, defnyddid tlodi honedig mynachlog neu leiandy yn gyfiawnhad dros geisiadau gan noddwyr am drwyddedau a ganiatâi iddynt atafaelu eglwysi i'w tai crefydd, ynghyd â'r incwm a'r degymau a ddeilliai ohonynt. Weithiau crybwyllid achos y tlodi ymddangosiadol yng nghais y noddwr, ynghyd â'r rhoddion a roddwyd i'r tŷ.

Dioddefai mynachlogydd ymosodiadau gan filwyr ar eu taith i faes y gad ac oddi yno. Dioddefodd abaty Sistersaidd Buildwas yn swydd Amwythig yn sgil 'gwamalrwydd y Cymry' a gipiodd ymaith abad y tŷ ym 1350 a'i garcharu. Profodd Abaty Ystrad-fflur sawl ergyd: gosodwyd dirwy drom arno gan y Brenin John, ac yna, ddwy ganrif yn ddiweddarach, meddiannwyd y tŷ gan filwyr Harri IV ym 1401–2 a'i ddefnyddio fel gorsaf filwrol dros dro. Dywedir bod priordy Caerdydd wedi ei lwyr ddinistrio yn ystod ymgyrch Owain Glyndŵr. Yn sgil y fath ddigwyddiadau, dibynnai tai crefydd fwyfwy ar gymorth allanol er mwyn goroesi. Yn ôl tystiolaeth y dogfennau niferus a gedwir yn yr Archif Genedlaethol yn Kew, byddai'r brenin yn darparu cymorth ariannol i fynachlogydd a oedd mewn sefyllfa ariannol argyfyngus. Ym 1284 derbyniodd abad a chwfaint Abaty Glyn-y-groes £160 yn iawndal am y difrod a wnaethpwyd i'r abaty yn ystod ymgyrch Edward I yng Nghymru. Yn yr un flwyddyn cydnabu abad Conwy iddo dderbyn £100 gan frenin Lloegr. Derbyniodd prior Beddgelert yntau £50, a chafodd abadau Ystrad-fflur (£78) a Dinas Basing (£100) eu digolledu am yr un rhesymau. Yn yr un flwyddyn penodwyd twrneiod gan abad a chwfaint Cymer er mwyn sicrhau iawndal am y ddifrod a ddioddefwyd. Fodd bynnag, ac eithrio'r tai crefydd a ddifrodwyd o ganlyniad i ryfel neu drychineb naturiol, ni chafodd y cymunedau mynachaidd sefydledig fwy o diroedd neu eiddo. Ond parhaodd yr arfer o roi anrhegion drwy'r cyfnod hwn hyd at gyfnod y diddymiad. Derbyniai'r tai crefydd roddion o bob math gan eu noddwyr, gan gynnwys eitemau o arwyddocâd crefyddol, llyfrau, arian, tir, rhenti, ac weithiau hyd yn oed gyflenwad blynyddol o win.

Wrth gwrs, ceid mathau eraill o gysylltiad rhwng mynachlogydd a noddwyr hefyd. Yr oedd gan noddwr mynachlog yr hawl i wthio'i big i mewn i'r proses o ethol abadau a phrioriaid newydd, a gofynnid am sêl ei fendith cyn cadarnhau'r penodiadau. Yr oedd ganddo'r hawl anysgrifenedig i ymweld â'i fynachlog ac i fwynhau lletygarwch y gymuned grefyddol drwy gysgu'r nos, bwyta ac yfed ar eu traul. Serch hynny, disgwylid i bob ymwelydd ymddwyn yn gymedrol a pheidio â manteisio ar letygarwch y sefydliad. Prin iawn yw'r dystiolaeth am y math hwn o gysylltiad, ond yn ffodus ceir nifer o gyfrifon mynachaidd o'r unfed ganrif ar bymtheg, er enghraifft rhai priordy Thetford (Norfolk) sy'n cynnwys rhestrau o bwrcasiadau, megis bwydydd a gwin da, ar achlysur ymweliad Dug Norfolk, noddwr y tŷ. Yn ogystal ag ymweld â'u mynachlogydd, byddai rhai noddwyr yn ymuno â'u cymunedau crefyddol, gan gymryd arnynt ddiofryd yr urdd ei hun neu gan fyw yn y tŷ heb ddiofrydu.

Nid oedd y berthynas rhwng tŷ crefydd a noddwr yn gwbl ddedwydd bob tro. Rhydd tystiolaeth am anghydfod rhwng y ddwy garfan gipolwg dadlennol ar y problemau a godai rhyngddynt ac a arweiniai o bryd i'w gilydd at wrthdaro. Weithiau byddai etifedd yn llai uchelgeisiol na'r sylfaenwyr ac yn gyndyn i ymuniaethu â'r tŷ, nac ychwaith rannu diddordeb y sefydlydd ynddo, na dangos parodrwydd i ariannu'r tŷ a'i gymuned. Byddai rhai noddwyr digywilydd yn ceisio adennill y gwaddolion a roddwyd i'r mynachlogydd gan eu rhagflaenwyr. Weithiau byddai dadleuon chwerw yn arwain at wrthdaro treisgar. Ym 1454, er enghraifft, yn sgil cynnen, hebryngwyd Syr Henry Hussey, noddwr Abaty Durford yn Sussex, i byrth y fynachlog gan fyddin arfog. Ond eithriad, at ei gilydd, oedd y math hwn o ddrwgdeimlad. Gallai lleygwyr hwythau fod yn ddraenen yn ystlys y mynachod. Byddai gweision brenhinol byth a hefyd yn cynhenna â'r cymunedau crefydd, a bu mynych gwyno ynglŷn â hyn. Achoswyd drwgdeimlad mawr gan ymddygiad y Brenin John at abad a chwfaint Ystrad-fflur yn y drydedd ganrif ar ddeg. Yn fuan ar ôl caniatáu i'r gymuned yr hawl i allforio'i gwlân, gosododd y brenin ddirwyon trwm arni oherwydd teyrngarwch y mynaich yno at elynion Coron Lloegr. O ganlyniad, dioddefodd Ystrad-fflur gyfnod o gryn galedi. Eto i gyd, yn sgil goruchafiaeth Edward I ar ddiwedd y drydedd ganrif ar ddeg, bu'n rhaid i gymunedau crefyddol Cymru droi am gymorth, o'u bodd neu o'u hanfodd, at

Goron Lloegr. Droeon gofynnodd mynaich Sistersaidd Abaty
Cwm-hir yn sir Faesyfed am gynhorthwy ac amddiffyniad y
brenin yn erbyn eu cymdogion trafferthus Roger de
Mortimer a John de Charlton. Tua'r flwyddyn 1309 anfonodd
abad Cwm-hir ddeiseb at Edward I, yn cwyno'n arw
ynghylch ymddygiad John de Charlton, Arglwydd Powys.
Meddai amdano: '[he] voluntarily and of his great power,
disturbs [the community], in no wise suffering them to have
their profits or commodities in their lands or woods
aforesaid, as they were wont to have'. Rai blynyddoedd yn
ddiweddarach erfyniodd yr abad unwaith yn rhagor ar y
brenin am ei gymorth i ddiogelu ei feddiannau rhag rhaib
Roger de Mortimer: '[he] wrongfully and without reason,
disturbed them so that they could not avail themselves of
their franchises and commodities'. Ymddengys fod cell
Benedictaidd Allteuryn yn sir Fynwy wedi dioddef yn
enbytach fyth ar law cymdogion cecrus a gormesol. Yn ystod
y 1320au dioddefai'r priordy yn sgil canlyniadau'r gwrthryfel
yn erbyn y Goron, ac yn ystod y 1330au cafwyd dadl hirfaith
ynglŷn â'r olyniaeth i swydd y prior. Ymbiliodd prioriaid
Allteuryn droeon ar y brenin i'w diogelu rhag gwrthryfelwyr
ysbeilgar: 'Ralph de Ronceville and one William le Walsh of
Llanwern with others, by force and arms, broke the treasury
of the priory, closed with two locks, and carried off chalices,
basins, cruets and censers of silver-gilt and several
muniments which were within, and likewise the common
seal of the place, closed with four locks.' Cyrhaeddodd
trafferthion priordy Allteuryn eu hanterth yn y 1330au pan
ffugiwyd llythyrau'r Pab gan fynach o Abaty Tyndyrn a
geisiodd – drwy ystryw pur anfynachaidd – ddisodli prior
Allteuryn. Adroddwyd yr hanes ym 1332 mewn deiseb a
luniwyd gan Philip, prior priordy Allteuryn: 'William Martel,
monk of Tintern, fell upon the priory by force and arms and
robbed [the prior] of all his goods, chasing him away, after
which by false bulls shown to the king and by false

representations and testimony of Sir John Inge who witnessed that the said bulls were true, though they were found to be false in the Chancery.' Er mor hael y byddai rhoddion noddwr lleyg i'w fynachlog neu leiandy, yr oedd disgwyl, yn gyfnewid am ei roddion, ei waddolion a'i grantiau, i'r gymuned fynachaidd weddïo dros ei enaid wedi iddo farw. Ac nid ei enaid ei hun yn unig: rhydd ewyllysiau noddwyr lleyg ddigon o dystiolaeth ynghylch pryderon a gofidiau lleygwyr. Yn ogystal â'i enaid ei hun ac, fel arfer, eiddo ei wraig a'i rieni, gallai ofyn am gynnwys rhai eraill a oedd yn arbennig o bwysig neu annwyl iddo, megis brodyr a chwiorydd, neu blant a oedd eisoes wedi marw.

Braint arbennig i sefydlwyr a noddwyr cynnar y tai crefydd yng Nghymru a Lloegr oedd cael eu claddu yn eu priod fynachlog. Tybid bod claddedigaeth o fewn yr eglwys neu'r adeiladau mynachaidd yn eu dwyn yn nes at weddïau'r mynaich ac yn arwain, felly, at fwy o fudd ysbrydol. At hynny, tybid bod gweddïau'r gymuned grefyddol yn cynorthwyo i leihau'r cyfnod a dreuliai pechadur yn y Purdan. Byddai gan sefydlydd mynachlog a ddewisai gael ei gladdu yn ei dŷ y fantais o fod yn gyfarwydd â natur y gwasanaethau, ac y mae'n fwy na thebyg ei fod yn disgwyl ymrwymiad llwyr i dynged ei enaid.

Yr oedd claddedigaeth o fewn muriau mynachlog y teulu hefyd yn fynegiant o statws, a dymuniad y prif noddwyr oedd cael eu claddu yn y tai mwyaf sylweddol. Erbyn yr Oesoedd Canol Diweddar, fodd bynnag, yr oedd yn well gan noddwyr lleyg at ei gilydd gael eu claddu mewn eglwysi plwyf, colegau seciwlar neu siantrïau. O ganlyniad, gostyngodd y nifer o noddwyr lleyg a gladdwyd yn eu mynachlogydd yn ystod y cyfnod hwn. Ar yr un pryd, dewisai mwy o leygwyr a oedd ond yn gymwynaswyr i fynachlogydd gael eu claddu o fewn y tai yr oeddynt yn eu hariannu a'u cynnal. O ganlyniad, nid oedd gosod corff i orffwys yn weithred mor ddethol ag y bu cyn hynny.

Fel arfer, câi noddwr yr hawl i ddewis lleoliad ei feddrod o fewn y tŷ. Dengys cofnodion sy'n rhoi manylion am leoliad beddrodau noddwyr fod eglwys y cwfaint a'r cabidyldy ymhlith yr hoff safleoedd. Yn aml iawn datblygai penderfyniad cychwynnol y noddwr a'i deulu i gael eu claddu yn eu mynachlog yn draddodiad teuluol, ac o'r herwydd byddai cenedlaethau diweddarach yn dilyn camre eu hynafiaid. Cynyddai pwysigrwydd y fynachlog fel beddrod y teulu, felly: yr oedd yn dwyn y teulu yn nes at weddïau'r gymuned grefyddol ac yn cryfhau'r berthynas rhyngddynt a'u cyndeidiau. Byddai'r trefniadau hyn yn parhau hyd nes i rywun ymwrthod â'r traddodiad a dewis cael ei gladdu mewn mangre gwahanol. Gallai hyn ddigwydd pan fethai llinach y meibion o fewn teulu a phan drosglwyddid nawdd y tŷ i deulu arall. Digwyddai hyn yn bur aml drwy gydol y cyfnod hwn. Yr oedd yn bosibl hefyd i deulu a etifeddai fynachlog mwy urddasol symud eu beddrodau teuluol i'r safle trawiadol newydd. Bu gan newidiadau mewn ffasiwn hefyd eu rhan y proses hwn, yn enwedig yn sgil dyfodiad y Brodyr Cardod.

Yn fwyfwy aml dewisai tywysogion Cymru, ynghyd â chymwynaswyr i abatai, gael eu claddu yn nhai'r Sistersiaid yng ngogledd a chanolbarth Cymru, ac yr oedd abatai Glyn-y-groes ac Ystrad-fflur ymhlith y mwyaf poblogaidd. Yn ôl *Brut y Tywysogyon*, claddwyd cynifer ag ugain o bendefigion Cymru, ac o bosibl fwy na hynny, o fewn muriau Ystrad-fflur rhwng 1164 a diwedd y drydedd ganrif ar ddeg. Drwy ddewis cael eu claddu yn y mannau hyn, anfonai arweinwyr Cymru neges wleidyddol glir, a rhaid hefyd fod cynnal traddodiad eu rhagflaenwyr, a gofal arbennig y mynaich yn eu gweddïau dros eu heneidiau, yn ystyriaethau pwysig. At hynny, yr oedd abaty fel Ystrad-fflur yn un o'r beddrodau mwyaf nodedig a oedd ar gael ar gyfer uchelwyr Cymru. Ond nid tai y Sistersiaid oedd yr unig fannau lle y cleddid lleygwyr. Claddwyd Hamelinus de

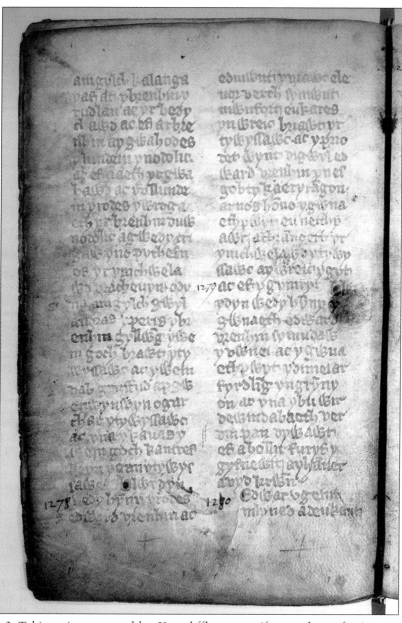

2 Tybir mai ym mynachlog Ystrad-fflur yr ysgrifennwyd un o fersiynau
Cymraeg *Brut y Tywysogyon* yn y cyfnod rhwng diwedd y drydedd
ganrif ar ddeg a *c*.1330.

Barham, sefydlydd priordy Benedictaidd Y Fenni, yn ei
fynachlog ei hun tua'r flwyddyn 1100, ac fe'i dilynwyd gan
nifer o noddwyr diweddarach. Y mae corffddelwau sawl un
ohonynt mewn cyflwr arbennig o dda, a gellir eu gweld o
fewn eglwys yr hen briordy. Yn eu plith y mae corffddelw
bren John, Arglwydd Hastings, sy'n dyddio o tua 1325, a
chorffddelw garreg – bedd ei blentyn gordderch William, o
bosibl – sy'n dyddio o 1349. Ym mhriordy bychan Ewenni
ym Morgannwg ceir bedd ei sefydlydd, Maurice de Londres,
Arglwydd Castell Aberogwr, a gellir gweld ei feddfaen o hyd
yn eglwys yr hen briordy.

Wrth i'r Oesoedd Canol fynd rhagddynt, bu newid yn
natur nawdd mynachaidd yng Nghymru a Lloegr. Crëwyd y
syniad o sefydlu mynachdai newydd gan y sefydlwyr
gwreiddiol a'u teuluoedd, a hwy hefyd a ddewisai'r urdd
grefyddol, ynghyd â safle'r tai. Gyda threigl amser, nid oedd

3 Corffddelw bren Syr John Hastings (m.1325) yn Eglwys Priordy'r Santes
Fair, Y Fenni.

y cysylltiadau hyn mor glòs ag y buont yn y gorffennol. Etifeddion y sefydlwyr gwreiddiol oedd noddwyr y mynachlogydd yn ystod y bedwaredd ganrif ar ddeg, y bymthegfed ganrif a'r unfed ganrif ar bymtheg. Fel arfer, yr oeddynt yn perthyn o hirbell – yn nai, er enghraifft, neu yn aelod o deulu cwbl wahanol a gawsai afael ar nawdd y tŷ trwy briodi, etifeddu, prynu neu dderbyn rhodd frenhinol. Mewn sawl achos, ymgorfforwyd nawdd sawl tŷ crefydd yn nwylo un teulu bonheddig, ac mewn llu o achosion eraill trosglwyddwyd nawdd mynachlog o ddwylo teulu bonheddig i'r Goron. Y Goron, y mae'n amlwg, a fanteisiai fwyaf ar y tueddiadau hyn.

Deublyg, felly, fu'r datblygiadau yn hanes nawdd mynachaidd gan leygwyr yn ystod yr Oesoedd Canol Diweddar. Wrth gwrs, ni wyddys bob amser pwy oedd sefydlydd neu noddwr mynachlog neu leiandy ar unrhyw adeg benodol. Yn achos tai crefydd bychain sydd heb adael llawer o dystiolaeth ar eu hôl, y mae'r darlun yn bur aneglur. Sawl tro dinistriwyd tai crefydd gan dân a llosgwyd eu harchifau a'u chofnodion yn llwyr. Dioddefodd abatai Sistersaidd Ystrad-fflur a Mynachdy Nedd y dynged hon ym 1224, 1280 a 1294. Ond hyd yn oed yn achos tai lle y mae tystiolaeth yn helaeth, nid yw'n bosibl bob tro wybod i sicrwydd pwy oedd y noddwr. Fodd bynnag, ac o gofio cyfyngiadau'r dystiolaeth, dyma ddarlun ystadegol o'r sefyllfa: allan o gyfanswm o 536 tŷ ar gyfer gwŷr crefyddol yng Nghymru a Lloegr cyn 1300, sefydlwyd rhwng 398 a 408 gan leygwyr, 59 gan y Goron, a 69 gan esgobion a chlerigwyr eraill. Erbyn y bedwaredd ganrif ar ddeg, yr oedd cyfanswm y mynachlogydd ar gyfer dynion wedi cynyddu i 568, ac yr oedd rhwng 317 a 384 ohonynt bellach yn nwylo lleygwyr, 108 yn dibynnu ar y brenin am nawdd, a 76 dan nawdd yr Eglwys. Felly y datblygodd pethau hyd at ddiddymiad y mynachlogydd yn y 1530au, pan oedd cyfanswm y mynachlogydd ar gyfer dynion wedi gostwng i

525 oherwydd methiant rhai tai yn ystod y bedwaredd ganrif ar ddeg a'r bymthegfed ganrif. O blith y rhain, yr oedd nifer y tai a oedd dan nawdd noddwyr lleyg wedi gostwng i rhwng 175 a 273, ac yr oedd gan hyd at 98 o dai noddwyr anhysbys. Yr oedd nifer y mynachdai dan nawdd y brenin wedi cynyddu i 170, tra oedd 77 o fynachdai dan nawdd naill ai esgob neu un o'r mynachlogydd mwyaf ysblennydd fel Abaty Ramsey (swydd Huntingdon) neu Abaty St Albans.

Y mae'r ffigurau hyn yn bur ddadlennol, a'r un fu'r patrwm yn hanes noddi lleiandai. Yn ogystal â chael eu trosglwyddo'n gynyddol i ddwylo'r Goron, syrthiodd nawdd abatai a phriordai Cymru a Lloegr i ddwylo cylch bychan a dethol o deuloedd pendefigaidd a oedd yn perthyn bron yn ddieithriad i radd gymdeithasol uchel. I'r tai crefydd, nid oedd derbyn nawdd gan rywun a oedd yn noddi mwy nag un fynachlog o reidrwydd yn fanteisiol. Fel arfer, ni roddai noddwyr sawl abaty a phriordy yr un sylw, neu fel arall, i bob un o'u mynachlogydd a'u lleiandai. Po fwyaf o fynachdai a gesglid gan deulu, anoddaf yn y byd oedd dewis rhyngddynt, ac nid oedd tai Cymru yn eithriad yn hyn o beth. Yr oedd gan deulu de Clare, ieirll Caerloyw, gynifer â phymtheg mynachlog a lleiandy yng Nghymru a Lloegr erbyn i linach y teulu fethu ym 1314. Yn eu plith yr oedd Abaty Tewkesbury, tŷ Benedictaidd gogoneddus, ond ceid hefyd ddau o abatai Sistersaidd cyfoethocaf Cymru, sef abatai Nedd a Margam ym Morgannwg. Mewn gwirionedd, er bod ganddynt res hir o abatai a phriordai ymhlith eu meddiannau, llwyddodd teulu de Clare i ychwanegu atynt drwy sefydlu dau leiandy tua chanol y drydedd ganrif ar ddeg. Tŷ i leianod Benedictaidd ym Mrynbuga (sir Fynwy) oedd y naill, a phriordy ar gyfer canonesau Sant Awstin yn Rothwell (swydd Northampton) oedd y llall. Noddwyr hynod weithgar oedd teulu de Clare, o leiaf yng nghyd-destun eu hymwneud â rhai o'u mynachlogydd. Abaty Tewkesbury oedd eu tŷ mwyaf ysblennydd ac nid yw'n syndod, felly, mai yno y claddwyd aelodau o'r teulu. A hwythau'n noddwyr Tewkesbury, yr oedd ôl presenoldeb y teulu i'w ganfod yn amlwg iawn yn eglwys yr abaty. Gwelir o hyd gorffddelwau hynod gain a darluniau o nifer o'r ieirll a'u gwragedd yng nghorff eglwys yr hen abaty. Arddurnwyd muriau, teils y lloriau, a'r ffenestri lliw gan herodraeth de Clare. Dengys ffenestr liw sy'n dyddio o'r bedwaredd ganrif ar ddeg sawl iarll de Clare, yn ogystal â'u holynwyr, fel noddwyr Abaty Tewkesbury, sef aelodau teulu Despenser.

Er eu bod yn gymharol ddibwys o'u cymharu ag Abaty Tewkesbury, yr oedd abatai Nedd a Margam ymhlith y tai crefydd mwyaf godidog yng Nghymru, a gwelir olion herodaeth de Clare yn y ddau dŷ hyn yn ogystal. Yr oedd Abaty Margam yn dŷ cymharol gyfoethog erbyn diwedd y drydedd ganrif ar ddeg pan oedd incwm y gymuned gymaint â £255 y flwyddyn. Hon oedd y gymuned Sistersaidd fwyaf ffyniannus yng Nghymru. Yr oedd Abaty Nedd, tŷ Sistersaidd Cymreig arall ym meddiant teulu de Clare, hefyd yn adeilad sylweddol. Disgrifiwyd y tŷ yn edmygus gan John Leland yn y 1530au fel 'abaty tecaf Cymru oll'. Ym 1224 llosgwyd Mynachdy Nedd i'r llawr, ond fe'i hailadeiladwyd gyda chymorth ei noddwyr, ac er gwaethaf yr anffawd hon yr oedd incwm y gymuned yn fwy na £209 ym 1291, sef bron cymaint ag incwm blynyddol Abaty Margam. Er nad oes amheuaeth ynghylch pa un oedd hoff fynachlog teulu de Clare, manteisiai eu habatai Cymreig hefyd ar nawdd y teulu dylanwadol a grymus hwn a adawodd ei ôl yn ddigamsyniol ar eu tai crefydd. Y mae nifer o deils Mynachdy Nedd ac Abaty Margam sy'n dwyn herodraeth de Clare arnynt wedi goroesi hyd heddiw, ac y mae'n debyg bod eu herodraeth ar un adeg hefyd i'w gweld ar ffenestri lliw a furiau'r abatai, gan gysylltu'r mynachlogydd yn amlwg iawn â'u noddwyr enwog a disglair. Yn ei awdl i Leision Tomas, abad olaf Mynachdy Nedd, rhydd y bardd Lewys Morgannwg (bl.c.1523–55), ddarlun cofiadwy o'r abaty:

4 Crist mewn Gogoniant: boglyn ar y to yn Abaty Sistersaidd Nedd.

I nen fawr uchel yn y nef wreichin
Goruwch 'y ngolwg archangylion;
Y llawer i bobloedd holl wŷr Bablon
Obry a weithiwyd â main brithion;
Y clych a'r menych â'r mwynion – foliant,
Mynych 'Ogoniant' meneich gwnion.

Dyma lys eilmodd i deml Salmon
Neu gaerau Rhufain goror afon;
Menychlys a llys Lleision – sydd gyfuwch
Â ffreutur sy uwch no Phreutur Siôn.

5 Abaty Glyn-y-groes gyda Chastell Dinas Brân yn y cefndir.

Ni bu adeilad bywydolion
Na tho, na muriau, na thai mawrion;
Ni bu ryw seilwydd, bu ras haelion,
Na'i dderi o hyd 'r y ddaear hon;
Ni bu ac ni bydd y rhyw waith ar wŷdd
Yr hwn ni dderfydd na'r dydd na'r don.

Ar wahân, efallai, i abatai Nedd a Margam, nid oedd mynachlogydd Cymru ymhlith y rhai mwyaf grymus, cyfoethog, a dylanwadol yn y deyrnas. Er nad oes amheuaeth ynghylch eu pwysigrwydd rhanbarthol, byw yng nghysgod eu cymheiriaid yn Lloegr a wnaent. O ganlyniad, er nad oes prinder cofnodion yn ymwneud â'r rhan fwyaf o fynachlogydd Cymru, nid ydynt fel arfer yn cynnwys llawer o wybodaeth am noddwyr y tai a'u perthynas â hwy. Ychydig iawn o groniclau neu gofnodion yn nodi ymweliadau neu lythyrau sydd wedi goroesi. Prin iawn yw'r dystiolaeth am weithgarwch noddwyr yng Nghymru, ac o ganlyniad y mae'n anodd treiddio'n ddwfn i'r berthynas rhwng noddwyr a'u mynachlogydd. Ar y llaw arall, un o fanteision astudio mynachlogydd Cymru, neu o leiaf abatai'r Sistersiaid yng Nghymru, yw cael darllen barddoniaeth ganoloesol beirdd megis Guto'r Glyn, Tudur Aled a Gutun Owain, beirdd sydd wedi gadael ar eu hôl ddarlun lliwgar o swyddogaeth y Sistersiaid yn eu cymunedau lleol ac yn y gymdeithas yn gyffredinol. Ceir ganddynt ddisgrifiadau bywiog o'r tai eu hunain ac o'u habadau, yn enwedig yn achos Ystrad-fflur a Glyn-y-groes. Lluniodd Guto'r Glyn gyfres gyfan o gywyddau i abadau'r ddau dŷ hyn, gan ganmol y ffenestri lliw, y lloriau teilsiog, haelioni'r abadau a'u hysgolheictod, a'u cyfraniad at addysgu lleygwyr lleol. Fel hyn y traethodd yn ei gerdd 'I Ddafydd, Abad Glyn Egwestl':

Y mae miloedd, mwy 'i molwn,
Yn cael, abad hael, bwyd hwn.
Ys da Arglwydd ystorglych
A gostiai Lyn Egwestl wych.

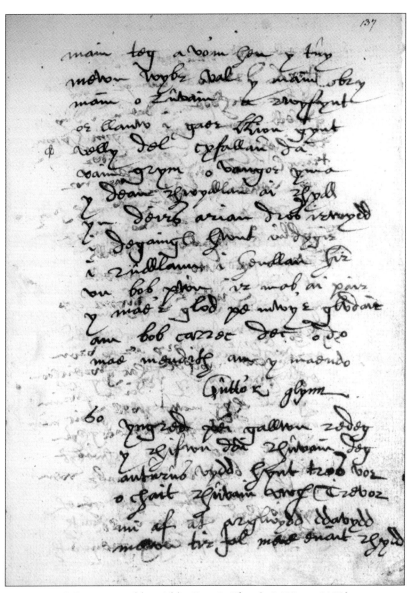

6 Darn o gerdd o eiddo Guto'r Glyn (*c.*1435 – *c.*1493)
(LlGC, Llsgr. Peniarth 77, f. 137).

Gweiniaid y tir a gynnal,
Tref a droes ef ar draws Iâl.
Gwe gerrig yw ei guras,
Gwydr a'r plwm yw godre'r plas.

Treuliodd Guto flynyddoedd olaf ei fywyd yn byw yn Abaty Glyn-y-groes lle y bu farw *c*.1493. Trefnwyd angladd ysblennydd ar ei gyfer gan yr Abad Dafydd, gŵr hael a ganmolwyd gan Gutun Owain yn ei gywydd 'Moliant Abad Glynegwestl':

Abad air Dyfnwal, o bedwar defnydd,
A'i hyder, flaenor hyd ar Faelienydd,
A fu baradwys, af i'w barwydydd,
A chôr ddigrifach â cherdd o grefydd?
Uchel offeren, echwydd – engyliawl
Organ, a dwyfawl air genau Dafydd!

Yng Nghymru, fel yn Lloegr a gweddill Ewrop Gristnogol, yr oedd gan leygwyr swyddogaeth bwysig ym mywyd crefyddol, diwylliannol a materol y mynachlogydd, ond er bod y cwlwm rhyngddynt yn aml yn bur agos a phersonol ar y cychwyn, breuodd gyda threigl y canrifoedd. Eto i gyd, ni ddiflannodd y cwlwm yn gyfan gwbl. Yr oedd gan bob mynachlog a phob lleiandy noddwr hyd at fachlud y mynachlogydd yn oes Harri VIII, ac yn ystod y cyfnod maith hwn parhâi'r cysyniad o nawdd mynachaidd ymhlith lleygwyr ar sawl lefel. Y mae lle i gredu bod llawer mwy o gysylltiadau rhwng mynachlogydd a'u noddwyr na'r hyn sydd ar glawr a chadw heddiw. Y mae rhai o'r dynion a'r menywod hyn yn bresennol o hyd yn y mynachlogydd a'r lleiandai y buont ynghlwm â hwy. Trwy syllu ar eu corffddelwau ym Mhriordy Y Fenni neu eu herodaeth ar deils yn abatai Nedd, Margam ac Ystrad-fflur, neu ar eu beddfeini ledled Cymru, gallwn synhwyro hyd yn oed heddiw bwysigrwydd y bobl hyn yn hanes eu tai crefydd, a'u hymddiriedaeth ddirfawr yn y cymunedau crefyddol a oedd wedi'r cwbl yn gyfrifol am y ddyletswydd bwysicaf oll, sef offrymu gweddïau dros eneidiau eu noddwyr hyd dragwyddoldeb.

DARLLEN PELLACH

D. J. Bowen (gol.), *Barddoniaeth yr Uchelwyr* (Caerdydd, 1957).

Janet Burton, *Monastic and Religious Orders in Britain, 1000– 1300* (Caer-grawnt, 1994).

J. Goronwy Edwards (gol.), *Littere Wallie* (Caerdydd, 1940).

David Knowles ac R. N. Hadcock, *Medieval Religious Houses: England and Wales* (Llundain, 1971).

A. Cynfael Lake (gol.), *Gwaith Lewys Morgannwg I a II* (Aberystwyth, 2004).

William Rees (gol.), *Calendar of Ancient Petitions relating to Wales* (Caerdydd, 1975).

David H. Williams, *The Welsh Cistercians* (Llanlleonfel, 2001).

Glanmor Williams, *Yr Eglwys yng Nghymru o'r Goncwest hyd at y Diwygiad Protestannaidd* (Caerdydd, 1968).

J. Llywelyn Williams ac Ifor Williams (goln.), *Gwaith Guto'r Glyn* (ail arg., Caerdydd, 1961).

Susan M. Wood, *English Monasteries and their Patrons in the Thirteenth Century* (Rhydychen, 1955).

LLAWYSGRIFAU A BARDDONIAETH GREFYDDOL YN Y BEDWAREDD GANRIF AR DDEG

Barry J. Lewis

Est opus egregium sacros iam scribere libros,
  Nec mercede sua scriptor et ipse caret.
Fodere quam vites melius est scribere libros:
  Ille suo ventri serviet, iste animae.

Gwaith ardderchog yw copïo llyfrau sanctaidd,
Ac ni fydd yr ysgrifydd yntau'n amddifad o'i wobr.
Gwell na phlannu gwinwydd yw copïo llyfrau:
I'w fol y bydd y naill ddyn yn ufudd, y llall i'w enaid.

Alcuin o Gaerefrog

Rywbryd yn ystod y degawdau oddeutu 1300 lluniodd ysgrifydd anhysbys, efallai yn un o fynachlogydd Cymru, destun Lladin o gyfraith frodorol y wlad. Goroesodd y llawysgrif hon holl helbul y canrifoedd ac yn y diwedd cyrhaeddodd noddfa ddiogel Llyfrgell Bodley yn Rhydychen. Hi bellach yw llawysgrif Rawlinson C.821, neu 'Lladin D', fel y cyfeirir ati gan arbenigwyr ar Gyfraith Hywel Dda. Ar frig y tudalen cyntaf, cyn dechrau ar y testun ei hun, mynnodd yr ysgrifydd ddangos yn ddiamwys fod, yn ei dyb ef, wedd grefyddol ar yr hyn a wnâi: gwelir yno'r geiriau, 'Yn enw'r Drindod y dechreuaf y gwaith hwn' (*In nomine trino hoc opus incipio*). Eglurach fyth yw neges y darlun sy'n llenwi tudalen olaf y llawysgrif: llun o Iesu Grist yn hongian ar y groes, a gwaed yn diferu o'i glwyfau erchyll. Saif y Forwyn Fair a'r apostol Ioan wrth ymyl y groes, yn ymgorfforiad o alar a braw. Yn nhyb yr ysgrifydd anhysbys, felly, ni ddylai fod unrhyw anghydfod rhwng cyfraith y byd hwn a threfn iachawdwriaeth, a diddorol yw sylw Hywel Emanuel, a olygodd fersiynau Lladin y gyfraith ym 1967, fod Lladin D yn nodedig o ffafriol tuag at freintiau'r Eglwys o'i gymharu â thestunau eraill. Nid oedd ysgrifydd Rawlinson C.821 ar ei ben ei hun yn gweld lle i wthio dioddefaint Crist i mewn i gyd-destun seciwlar Cyfraith Hywel: addurnwyd copi arall, un Cymraeg y tro hwn, â darlun o'r croeshoeliad rywbryd yn ystod ail hanner y bedwaredd ganrif ar ddeg, sef LlGC Llsgr. 20143A. Gwaith eglwyswr o ryw fath yw'r llawysgrif hon hefyd, yn ôl Daniel Huws. Y mae'r darlun o'r Crist dioddefus yn llenwi hanner colofn wag. Digon trawiadol yw'r ffrydiau o waed sy'n tywallt o'i glwyfau; trawiadol hefyd yw'r waywffon sy'n anelu at ystlys Crist, a'r ddau forthwyl a ddarlunnir yn pwyo'r hoelion anferth i mewn i'w ddwylo.

Yn yr Oesoedd Canol ymddengys fod copïo testun cyfreithiol yn weithred a allai ddwyn arwyddocâd ysbrydol.

7 Croeshoeliad, gyda Mair ac Ioan. Goliwiad o'r drydedd ganrif ar ddeg
yn Llyfrgell Bodley, Rhydychen, Llsgr. Rawlinson C.821.

Y mae'n bosibl fod yr ysgrifwyr hyn wedi ychwanegu'r delweddau o Grist yn ei artaith fel proc i gydwybod y rhai a fyddai'n defnyddio'r llawysgrifau yn nes ymlaen, er mwyn eu hatgoffa, efallai, y dylid ystyried graslonrwydd yr Iachawdwr wrth weinyddu cyfraith y byd hwn. Neu tybed a oedd meddwl ysgrifydd Rawlinson C.821, yn benodol, yn crwydro i gyfeiriad y dadleuon ffyrnig ynghylch moesoldeb Cyfraith Hywel a nodweddai flynyddoedd olaf annibyniaeth y Dywysogaeth ar ddiwedd y drydedd ganrif ar ddeg? Yn sicr, yr oedd John Pecham, Archesgob Caergaint (1279–92) o'r farn fod cyfraith frodorol y Cymry yn tramgwyddo yn erbyn cyfiawnder Cristnogol ar sawl cyfrif, yn enwedig o ran y statws a roddai i blant a aned y tu allan i ffiniau priodas gyfreithlon, a hefyd ei rheolau ynghylch ysgaru, rheolau a roddwyd mewn gwrthwynebiad i'r efengyl (*contra Evangelium*), yn ôl honiad Pecham mewn llythyr a gyfeiriodd at Lywelyn ap Gruffudd ar ganol y rhyfel tyngedfennol ym 1282. Felly, y mae modd dehongli'r llun o Grist fel deisyfiad ar iddo roi sêl ei fendith ar y testun, neu hyd yn oed fel cadarnhad fod y sêl bendith honno eisoes wedi ei dyfarnu. Ni waeth pa un o'r posibiliadau hyn sy'n gywir, erys yn amlwg fod y categorïau twt y mae ysgolheigion heddiw yn sôn amdanynt – megis testunau cyfraith a thestunau crefyddol – yn endidau llawer mwy amwys yn eu cyfnod eu hunain.

Yn yr Oesoedd Canol treiddiai gwerthoedd crefyddol i bob agwedd ar ddiwylliant a mynnent sylw pawb a oedd yn ymwneud â llenyddiaeth. Y mae'n gwestiwn a ydyw'n ddilys o gwbl sôn am lenyddiaeth 'grefyddol' mewn gwrthgyferbyniad â llenyddiaeth 'seciwlar'. Sut, er enghraifft, y mae trafod *genre* y farwnad – *genre* a ystyrir yn ddigon seciwlar erbyn hyn – heb sylwi ar swyddogaeth llawer o farwnadau canoloesol fel gweddïau ar Dduw dros enaid y dyn marw? Ac eto y mae i'r gwahaniaeth ei werth wrth drafod llenyddiaeth yr Oesoedd Canol. Nid yw pob testun yn rhoi Duw yn y blaendir, neu hyd yn oed yn ei grybwyll. Tiriogaeth ddadleuol oedd rhai mathau o ganu, megis dychan a chanu serch, *genres* nad oeddynt yn dderbyniol i lawer o eglwyswyr, ond a oedd yn bur boblogaidd ymhlith cynulleidfaoedd, a barnu yn ôl nifer y testunau ar glawr. Felly, yr oedd yn rhaid i bawb a ymddiddorai mewn barddoniaeth – ac y mae hyn yn cynnwys y copïwyr llawysgrifau a'r noddwyr yn gymaint â'r beirdd – bwyso a mesur gwerthoedd crefyddol ochr yn ochr â gwerthoedd eraill a fynegid mewn barddoniaeth, megis, er enghraifft, yr ymhyfrydu digamsyniol mewn pleserau materol sy'n nodweddu'r canu mawl. I eglwyswyr, yr oedd y cwestiwn hwn yn arbennig o finiog. Eglwyswyr, wrth gwrs, a mynaich yn bennaf oll, a fu'n gyfrifol am gynhyrchu'r rhan fwyaf o lawysgrifau'r Oesoedd Canol, gan gynnwys hynny o lenyddiaeth seciwlar y cyfnod sydd wedi goroesi yn gymaint â thestunau crefyddol. Dim ond tua diwedd yr Oesoedd Canol y daeth cyfraniad ysgrifwyr lleyg yn bwysig. Adlewyrchir y datblygiad hwn yn y ddau gasgliad mawr o farddoniaeth llys a wnaed rhwng 1282 a 1400, y naill yn ôl pob tebyg yn gynnyrch mynachlog Ystrad-fflur, a'r llall yn llawysgrif a gomisiynwyd gan leygwr, a'i phrif ysgrifydd yn lleygwr hefyd. Y mae'r ddau gasgliad yn rhai ôl-syllol; hynny yw, edrychant yn ôl ar y gogoniant a fu, gan gynnull yr hyn a fernid yn werthfawr o gynnyrch y gorffennol. Y rhain yw'r porth i ddiwylliant barddol y bedwaredd ganrif ar ddeg.

Cynnwys Llawysgrif Hendregadredd, a luniwyd dros gyfnod rhwng *c.* 1300 a *c.* 1325, yw gwaith y beirdd a ganai yn llysoedd y tywysogion, yn enwedig tywysogion Gwynedd, gan gynnwys dogn go helaeth o ganu crefyddol. Ar un olwg, nid yw'r canu hwn yn berthnasol i ysgrif ar farddoniaeth y bedwaredd ganrif ar ddeg, ond yn y ganrif honno y gwnaed y casgliad, ac felly y mae'n dilyn bod y canu hwn yn dal i ennyn diddordeb rhywrai. Yn sicr, yr

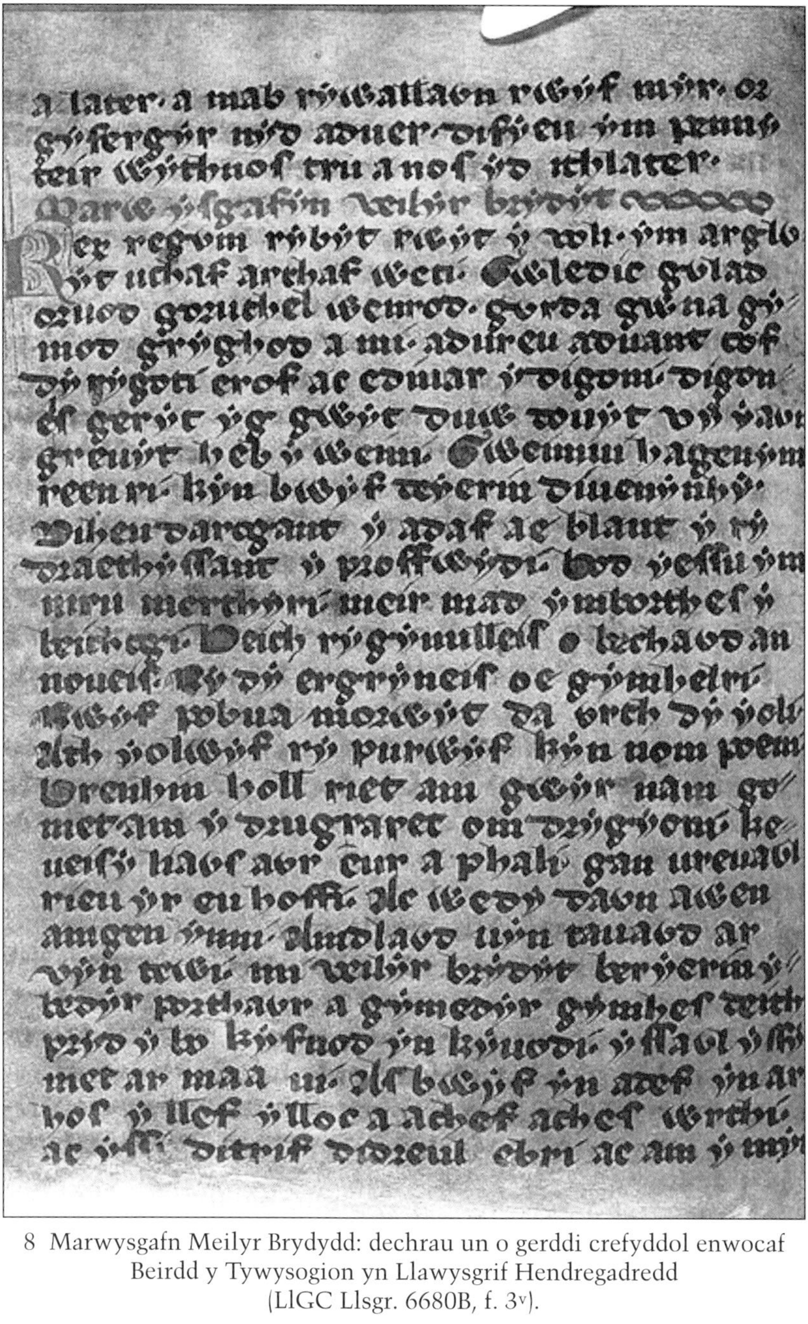

8 Marwysgafn Meilyr Brydydd: dechrau un o gerddi crefyddol enwocaf Beirdd y Tywysogion yn Llawysgrif Hendregadredd (LlGC Llsgr. 6680B, f. 3v).

oedd mynd ar ganu Beirdd y Tywysogion o hyd, o leiaf mewn cylchoedd dethol, ac y mae'n perthyn, felly, i ddiwylliant barddol y cyfnod. Y mae Llawysgrif Hendregadredd yn adlewyrchu awydd i freintio barddoniaeth grefyddol rhagor canu seciwlar. Trefnwyd y cerddi fesul bardd, gan roi'r cerddi i Dduw a'r seintiau yn gyson o flaen y canu i'r tywysogion. Y mae'r trefniant hwn yn dwyn i gof gyfarwyddiadau Cyfraith Hywel ynglŷn â'r ddyletswydd ar y beirdd llys i ganu'n gyntaf i Dduw, ac i arglwyddi seciwlar yn ail. Nid yw'n hawdd gwybod a fu'r cyfarwyddiadau hyn erioed mewn grym yn llysoedd y tywysogion, ond nid oes rheswm da dros beidio â chredu'r hyn a ddywedir mewn geiriau mor blaen yn y llyfrau cyfraith. Mater arall, wrth gwrs, yw i ba raddau y parheid i anrhydeddu'r cyfarwyddiadau hyn ar aelwydydd yr uchelwyr a noddai farddoniaeth y bedwaredd ganrif ar ddeg. Cawn ryw awgrym o werthoedd cyffelyb yn y gramadegau barddol, sy'n rhestru'r holl wrthrychau a ystyrid yn deilwng o dderbyn mawl. Afraid dweud mai Duw sydd ar frig y rhestr, ac yn ail iddo ef y daw'r Forwyn Fair, yna'r seintiau, ac wedyn swyddogion yr eglwys. Ar eu hôl hwy y daw'r gwahanol fathau o leygwyr, a mynaich a lleianod sy'n cwblhau'r rhestr. Gwyddys mai clerigwyr a luniodd y gramadegau hyn, a dichon mai eu rhagfarn hwy yn erbyn yr urddau mynachaidd sy'n cyfrif am safle'r rheini ar gwt y rhestr. Eto, yr hyn sydd fwyaf trawiadol am y rhestr hon yw prinder cymharol y sylw a gaiff lleygwyr, er ei bod yn gwbl amlwg o'r cerddi a erys mai hwy oedd gwir gynheiliaid y drefn farddol, hyd yn oed os oedd ambell eglwyswr neu grefyddwr hefyd yn dymuno clywed canu ei glodydd ei hun.

Cadwodd y cynullwyr mynachaidd a wnaeth y casgliad cyntaf o farddoniaeth o'n cyfnod hwn gydbwysedd gofalus rhwng canu crefyddol a seciwlar, a chanfyddir agwedd debyg mewn sawl ffynhonnell arall. Ond lleygwr, sef Hopcyn ap Tomas o Ynysforgan ger Abertawe, oedd noddwr yr ail

9 Awdl Gruffudd ap Maredudd ap Dafydd i'r Grog o Gaer yn Llyfr Coch Hergest (Coleg Iesu, Rhydychen Llsgr. 111, f. 299ʳ).

gasgliad o farddoniaeth llys, sef yr hwn a geir yn Llyfr Coch
Hergest (c. 1400), a lleygwr hefyd oedd y prif ysgrifydd,
Hywel Fychan o Fuellt, gŵr a adawodd ei enw mewn
llawysgrif arall a gedwir heddiw yn Philadelphia. A ydyw'r
Llyfr Coch, felly, yn adlewyrchu meddylfryd gwahanol
ynghylch statws canu crefyddol? Go brin, mewn
gwirionedd, er nad yw'r llawysgrif agos mor drefnus â'i
rhagflaenydd. Yn rhan olaf y Llyfr Coch fel y mae heddiw
(collwyd peth o'r diwedd), cynullodd Hywel a'i gydweithiwr
anhysbys farddoniaeth o'r tair canrif flaenorol. Gosododd
Hywel ganu crefyddol Beirdd y Tywysogion yn gyntaf. Yna
aeth ymlaen at y bedwaredd ganrif ar ddeg, gan ddechrau
unwaith eto gyda'r canu crefyddol, a chodi rhai o gerddi
duwiol y bardd Gruffudd ap Maredudd ap Dafydd. Ond os
oedd ganddo gynllun pendant, ymddengys i hwnnw fynd i'r
gwellt wedyn. Bwriodd Hywel ymlaen gyda chanu seciwlar
Gruffudd ac yna godi rhagor o'i ganu crefyddol. Wedyn
cododd gerddi gan nifer o feirdd eraill y bedwaredd ganrif ar
ddeg, yn waith crefyddol ac yn waith seciwlar, a'i drefnu
fesul bardd (yn fras iawn). Ac eto, drwy'r cyfan ceir tuedd
afreolaidd ond pendant i roi'r flaenoriaeth i ganu crefyddol,
yn enwedig y canu i Dduw. Gwelir hyn yn achos y beirdd
Casnodyn (ei ganu i Dduw yn unig), Bleddyn Ddu, Iorwerth
ab y Cyriog, Llywelyn Goch ap Meurig Hen a Dafydd y
Coed, ond nid yn achos Madog Dwygraig a Gruffudd Fychan
ap Gruffudd ab Ednyfed, nac ychwaith ganu Casnodyn i'r
Forwyn Fair. Felly, nid oes ateb cwbl bendant i'r cwestiwn a
oedd Hywel Fychan yn ceisio blaenoriaethu canu crefyddol.
Y mae'n bosibl ei fod yn dilyn y trefniant a gafodd yn ei
ffynonellau, ond os felly, ymddengys eu bod hwythau, o
leiaf yn rhannol, yn rhoi'r canu i Dduw ar y blaen. Ar ôl
gwaith y beirdd diweddar hyn, troes cydweithiwr Hywel yn
ôl at Feirdd y Tywysogion a chodi eu canu seciwlar hwy,
sy'n llenwi gweddill y llyfr yn ei ffurf bresennol.
        Yr oedd y categori 'canu crefyddol' – neu efallai y byddai'n

gywirach dweud 'canu i Dduw' – yn un ystyrlon i gopïwyr y ddau gasgliad mawr o farddoniaeth llys, ac yn gategori i'w brisio'n uchel, yn nhyb clerigwyr a gwŷr lleyg. Gan fod y canu crefyddol yn y ddau achos yn rhan o gasgliad mwy, y mae'r cymhellion y tu ôl i'r casgliadau hynny yn goleuo agwedd rhai at ganu crefyddol hefyd. Naws hynafiaethol gref sydd i Lawysgrif Hendregadredd a Llyfr Coch Hergest fel ei gilydd. Cododd pwy bynnag a ddyluniodd Lawysgrif Hendregadredd gofeb i gyfnod ac i gyfundrefn wleidyddol – a ydyw'n ormod dweud 'hunaniaeth'? – a oedd wedi darfod o'r tir. Gyda chwymp y Llyw Olaf ym 1282, nid oedd dim i'w wneud ond casglu'r ychydig olion o ddiwylliant y llysoedd Cymreig rhag iddynt fynd i ebargofiant llwyr. Nid oedd amgylchiadau creu'r Llyfr Coch mor ddramatig, efallai, ond nodi diwedd cyfnod a wna hwnnw hefyd. Ynddo cynigiwyd lloches i waith cryn nifer o feirdd a oedd wedi palu ymlaen i ganu awdlau mawreddog ac astrus yn null Beirdd y Tywysogion ar ôl y Goncwest, er bod mesur newydd y cywydd yn ysgubo'r wlad. Oni bai am chwaeth Hopcyn ap Tomas a'i barodrwydd i noddi'r Llyfr Coch, ni fyddem yn gwybod am fodolaeth llawer o'r beirdd hyn hyd yn oed. Dengys llawysgrifau'r canrifoedd canlynol nad oedd prin ddim mynd ar eu cerddi ar ôl gwrthryfel Glyndŵr; y cywydd oedd piau hi bellach. Casglwyd y canu crefyddol yn y ddwy lawysgrif hyn, felly, oherwydd bod rhywrai yn teimlo ei fod o werth diwylliannol, yn union fel gweddill y farddoniaeth ynddynt, ac o werth esthetig, yn ogystal ag unrhyw werth crefyddol a defosiynol a berthynai iddo.

A barnu yn ôl y llawysgrifau a adawyd i ni, yr oedd yr ysbryd cadwraethol hwn ar led yn y bedwaredd ganrif ar ddeg. Rywbryd yn ystod ail chwarter y ganrif, lluniodd copïydd anhysbys arall flodeugerdd o farddoniaeth – neu, a bod yn fanwl gywir, copïodd flodeugerdd a oedd wedi ei llunio eisoes. Llyfr Taliesin yw'r enw a roddwyd ar y flodeugerdd hon rywbryd yn ystod ei hanes, ond ni wyddys pa bryd yn union. Deunydd pur wahanol a geir ynddi, deunydd gan awduron anhysbys, er bod enw Taliesin i'w weld ar frig rhai cerddi, ac wedi ei ymgorffori yn nhestun ambell un. Perthyn llawer o'r cynnwys i'r categori crefyddol: gweddïau, disgrifiadau o'r cread a'r Farn Fawr, cerddi am lwythau Israel, plâu'r Aifft, seintiau'r byd, a'r brenin Herod. Dengys ieithwedd a mydryddiaeth y cerddi eu bod yn sylweddol gynharach na'r llawysgrif sy'n eu cynnwys, ac y mae'n bur bosibl fod rhai ohonynt yn mynd yn ôl i gyfnod cyn y ddeuddegfed ganrif hyd yn oed. Enghraifft arall o ddiogelu'r gorffennol, felly, yw Llyfr Taliesin. Nid yw'n debygol fod y cerddi yn llwyr ddealladwy i'r sawl a'u copïodd, ond unwaith eto teimlai rhywun eu bod yn werth eu cadw. Ynghylch y rhesymau y tu ôl i'r detholiad o gerddi yn Llyfr Taliesin, nid oes ond dyfalu. Barn Ifor Williams oedd mai Taliesin, y bardd perffaith, yw canolbwynt y diddordeb, a bod y cerddi crefyddol yn rhyw fath o wrthbwys i'r 'baganiaeth ddewinol noeth' yng ngweddill y cerddi. Yn ôl Marged Haycock, fodd bynnag, persona oedd 'Taliesin' y gallai'r beirdd ei arddel pan ganent am bynciau dysgedig, a gwedd dra phwysig ar y ddysg honno oedd y grefydd Gristnogol. Felly, perthyn cerddi crefyddol yn naturiol ymhlith y gwahanol agweddau ar y persona hollwybodus, ac yn wir y mae'r cerddi eraill yn y casgliad wedi eu trwytho mewn syniadaeth a delweddaeth Gristnogol. Awgryma rheoleidd-dra gwneuthuriad Llyfr Taliesin mai cynnyrch ysgrifdy mynachlog ydyw; dygir i gof drefnusrwydd Llawysgrif Hendregadredd, sydd â'r un ysbryd hynafiaethol yn cyniwair ynddi hithau. Y mae lle i ddiolch yn wresog i'r sawl a gasglodd ac a gopïodd y cerddi hynafol ac astrus yn Llyfr Taliesin, ond nid ymddengys fod y farddoniaeth hon yn fyw erbyn amser ysgrifennu'r llyfr ei hun.

Llwyddodd ambell gerdd grefyddol arall i gyrraedd memrwn yn ystod y bedwaredd ganrif ar ddeg ac felly i

10 Llyfr Gwyn Rhydderch: Arwyddion Dydd Brawd
(LlGC, Llsgr. Peniarth 4, f. 61^v).

oroesi hyd heddiw. Dyfynnir ambell ddarn yn y gramadegau barddol, gan gynnwys y copi yn llawysgrif Peniarth 20, a ysgrifennwyd tua 1330. Dyma drin barddoniaeth grefyddol fel barddoniaeth, ochr yn ochr â mathau eraill o gerddi yn ddiwahaniaeth. Nid dyna'r unig fath o gyd-destun posibl, fodd bynnag. Yn Llyfr Gwyn Rhydderch, sef detholiad mawr o ryddiaith a luniwyd tua chanol y ganrif ar gyfer lleygwr, Rhydderch ab Ieuan Llwyd, gwelir dau gopi o gyfres o englynion am yr arwyddion a fydd yn rhagflaenu Dydd y Farn. Rhyddiaith seciwlar a chrefyddol a geir yn y Llyfr Gwyn, ond dangosodd Daniel Huws nad oedd rhan gyntaf y llyfr, sy'n cynnwys y testunau crefyddol, yn perthyn i'r cynllun gwreiddiol, ond yn hytrach iddi gael ei hychwanegu yn nes ymlaen, o bosib er mwyn bodloni duwiolfrydedd y noddwr. Hyn sy'n esbonio paham y mae dau gopi o'r englynion yn y llawysgrif. Sylwer mor wahanol yw cyd-destun yr englynion hyn i'r canu crefyddol yn Llawysgrif Hendregadredd neu'r Llyfr Coch. Yma saif yr englynion ymhlith testunau rhyddiaith, a'r rheini'n addysgiadol eu naws. Dyma arwydd o gymhelliad arall i ddiogelu cerddi crefyddol, ar wahân i'w gwerth esthetig a diwylliannol, sef am eu bod yn ymgorffori sylwedd llesol a defnyddiol i'r enaid. Ceir cerddi addysgiadol eraill yn llawysgrif Rhydychen, Coleg yr Iesu iii (tua diwedd y bedwaredd ganrif ar ddeg) a Llansteffan 27 (Llyfr Coch Talgarth, c.1400), eto mewn casgliadau o ryddiaith addysgiadol a chrefyddol. Mewn ambell achos croesir y ffin rhwng rhyddiaith a barddoniaeth yn fwy pendant fyth. Y mae darn bach o farddoniaeth addysgiadol ynghlwm wrth gwt y traethawd 'Rhinweddau Gwrando Offeren' yn llawysgrif Rhydychen, Coleg yr Iesu cxix, sef Llyfr Ancr Llanddewibrefi, a ysgrifennwyd ym 1346. Achos arbennig, fodd bynnag, yw'r addasiad Cymraeg o Wasanaeth y Forwyn Fair y ceir copi ohono yn llawysgrif Ysgol Amwythig xi (c. 1400). Yn yr un modd ag y mae'r gwreiddiol Lladin yn cynnwys cymysgedd o farddoniaeth o wahanol fathau (sef emynau a salmau), felly hefyd y trosiad Cymraeg, lle y mydryddir y salmau ar fesurau rhydd tra throir yr emynau'n awdlau cynganeddol. Diau mai'r angen i lynu'n agos wrth eiriau'r Ysgrythur a barodd i'r cyfieithydd anhysbys drosi'r salmau ar y mesurau rhydd. Gallai drin yr emynau anysgrythurol â llawer mwy o ryddid, ac y mae achos cryf dros ystyried awdlau'r testun hwn yn gyfansoddiadau lled-annibynnol. Ceir cerddi crefyddol hefyd yn y traethawd cyfriniol 'Ymborth yr Enaid', sydd wedi ei ddiogelu yn Llyfr Ancr Llanddewibrefi. Dyma gerddi mewn cyd-destun digamsyniol ddefosiynol; nid fel rhan o gasgliad o farddoniaeth, ond wedi eu corffori mewn testunau rhyddiaith defosiynol.

Yr oedd cymhellion amrywiol, felly, yn ysgogi pobl i roi cerddi crefyddol ar femrwn yn y bedwaredd ganrif ar ddeg. Edrychai rhai yn ôl i'r gorffennol a cheisio diogelu'r hyn y gallent. Ar yr un pryd, daliai cerddi crefyddol i fod yn rhan bwysig o ddefosiwn clerigwyr ac uchelwyr fel ei gilydd. Cofnodwyd cerddi o'r ganrif ei hun, felly, yn ogystal â 'chlasuron' hŷn. Yr hyn a ddengys y llawysgrifau yw fod barddoniaeth grefyddol yn sefyll rhwng dau begwn. Ar y naill law, barddoniaeth ydyw, sef ffenomen ac iddi wedd esthetig y mae a wnelo hi â phleser, adloniant, 'meluster i'r glust ac o'r glust i'r galon', yng ngeiriau'r 'Pum Llyfr Cerddwriaeth'. Ar y llaw arall, y mae hefyd yn ffenomen grefyddol. Fe'i hysgogir gan amcanion defosiynol ac addysgiadol, gan awydd i ennill iachawdwriaeth ac i sicrhau iachawdwriaeth eraill. Y mae'n harneisio melyster esthetig at bwrpas ysbrydol, yn troi pleser synhwyrol a bydol at wasanaeth Duw. Yn hyn o beth fe'i lleolir rhwng dau fyd. Yn wir, yn ôl Gruffudd ap Maredudd ap Dafydd, bardd crefyddol amlycaf y bedwaredd ganrif ar ddeg, gall wasanaethu fel ffordd i arwain dynion o'r naill fyd i'r llall. Dyma ef yn sôn am ei awdl fawreddog i ddelw o Grist yng Nghaer:

I ddelw un Mab Mair ydd addolaf
  O ddilys araith, gwaith gwerthforaf,
I ddaly ynof cof cyfiawnaf – dremyn,
  I ddylyn tyddyn llwyth plant Addaf.

Araith yw barddoniaeth yma: darn o iaith addurnedig,
gwaith neu lafur sy'n dwyn budd (cf. *gwerthforaf*) i'r bardd
ac sydd yn *ddilys*, hynny yw, yn gyfiawn, fel y mae'r ffordd
i'r nef, i 'drigfan llwyth plant Adda', yn ffordd gyfiawn i'w
throedio. Yr oedd yn bwysig i'r beirdd dynnu sylw at y ffaith
mai beirdd oeddynt, gan felly ddwyn i gof statws uchel y
bardd yn y gymdeithas Gymraeg, hyd yn oed wrth fynd ar
eu penliniau, fel petai, o flaen Duw. Dyma Ruffudd ap
Maredudd eto:

> Molaf, arwyraf ar eirau – prydiad
>   Mawr Dad y Mab Rhad, mad amodau;
> Molaf hefyd, bryd brodiau – diadnair,
>   Un Mab Mair ddiwair o'r Gair gorau;
> Molaf yn ffraethaf, yn ffrwythau –'r hollfyd,
>   Y Glân Ysbryd, pryd priod wyrthau.

Nid yng ngolwg dynion yn unig yr oedd statws y bardd
i fod yn uchel, ond hefyd yng ngolwg Duw. 'N'ad na
thwyll na brad ar Dy brydydd' yw ymbil Gruffudd ap
Maredudd ar Dduw, fel petai ei swydd farddol yn ei
rwymo'n gadarn wrth yr Hollalluog, a 'câr brydydd rhwydd'
yw'r deisyfiad cyffelyb gan Ddafydd y Coed. Cyfryngwr
rhwng dau fyd oedd y bardd crefyddol. Traddodai neges
Duw yng ngŵydd cynulleidfa ddynol, a chynrychiolai'r
gynulleidfa honno o flaen Duw:

> O gwnaetham, Eurllyw byw, bechodau,
> A cheryddus ddrwg a chareddau,
> Braisg Ddewin, Brenin breiniol seiniau,
> N'ad Dy fâr arnam am gam gwympau;

Er Dy gythrudd loes, er Dy gythrau,
Er Dy goron ddrain, Wrda gorau,
Oeda ni, fy Rhi, rhiniau – tystoliaeth,
Rhag tost ddolur angau!

O'n safbwynt ni heddiw, saif barddoniaeth y cyfnod
rhwng Llywelyn ap Gruffudd ac Owain Glyndŵr rhwng dau
fyd yn amserol hefyd. Y mae'n gyfnod o gofnodi pethau a
oedd mewn perygl o ddiflannu'n llwyr, ac yn oes a welodd
geidwadaeth ddiwylliannol nodedig – ond hynny yn wyneb
toreth o newidiadau, nid yn lleiaf ym maes barddoniaeth.
Parheid i ganu ar fesurau traddodiadol Beirdd y Tywysogion,
ond tyfu o hyd yr oedd chwant cynulleidfaoedd am gerddi ar
y mesur newydd, symlach, sef y cywydd. Erbyn y
bymthegfed ganrif y cywydd fyddai prif gyfrwng
barddoniaeth Gymraeg, hyd yn oed ar gyfer mawl. Ond nid
oedd yn arferol cofnodi cywyddau ar femrwn neu bapur, yn
sicr nid cyn ail hanner y bymthegfed ganrif. Un yn unig a
geir yn Llyfr Coch Hergest, er bod hwnnw'n cynnwys
awdlau gan feirdd a oedd yn arloeswyr enwog ar y mesur
newydd, beirdd fel Iolo Goch a Llywelyn Goch ap Meurig
Hen. Ar gyfer rhan helaeth o farddoniaeth grefyddol y
bedwaredd ganrif ar ddeg, felly, dibynnwn ar awydd
cenedlaethau diweddarach i gadw barddoniaeth ar bapur –
ac yn fwy allweddol fyth, ar ddiddordeb ac ymroddiad y
sawl a gadwodd y cerddi hyn ar gof yn y cyfamser.
Dyna'r drydedd agwedd ar farddoniaeth y bedwaredd
ganrif ar ddeg sy'n ei gosod ar y trothwy rhwng dau fyd: yr
oedd yn ffenomen gynhenid lafar mewn hinsawdd lle'r oedd
llythrennedd ar gynnydd. Ar lafar yr oedd barddoniaeth
Gymraeg yn fyw yn y ganrif hon; ar lafar y byddai hi wedi
cyrraedd y rhan fwyaf o lawer o'i chynulleidfa, ac agwedd
bur eilradd ar y derbyniad ohoni oedd darllen cerddi mewn
llawysgrifau. Ac eto, dim ond trwy gyfrwng testunau
ysgrifenedig y mae ar gael i ni. Dyna'r rhwystr pennaf

rhyngom a'r farddoniaeth hon: fod ein derbyniad ni ohoni
mor wahanol i'r modd y byddai ei gwrandawyr gwreiddiol
wedi ei phrofi. A chymryd un agwedd yn unig: y mae'n
rhaid i ni ddeall mai ffenomen ehangach o lawer oedd
barddoniaeth na'r ychydig weddillion sydd wedi cyrraedd
ein hoes ni. Er enghraifft, ceir enwau llu o feirdd mewn
dogfennau swyddogol o'r cyfnod, beirdd nad oes gair o'u
gwaith wedi goroesi. A pha ganran o gynnyrch y beirdd
gwybyddus sydd gennym heddiw? Cadwyd oddeutu 2,400
llinell o waith Gruffudd ap Maredudd, ond cwta 21 llinell
gan Ruffudd ap Llywelyn Lwyd. Y mae'n amlwg pwy yw'r
bardd pwysig erbyn heddiw, ond beth am farn eu cyfnod
hwy amdanynt? I ateb y cwestiwn hwn, nid oes gennym
ond dewisiadau'r sawl a luniodd Lyfr Coch Hergest, neu yr
hyn a ddigwyddodd fod ar gael iddynt – cystal dweud nad
oes ateb i'w gael mwyach. Dyna paham y neilltuwyd
cymaint o'r ysgrif hon i drafod llawysgrifau yn hytrach na
cherddi. Ar eu sail hwy yr ysgrifennwn hanes llenyddiaeth
Gymraeg, ac efallai y byddai'r hanes hwnnw yn wahanol
iawn petai rhagor o gerddi wedi goroesi.

Gan gofio'r ffaith hon, dilynwn arweiniad Llyfr Coch
Hergest – y brif ffynhonnell – i'r farddoniaeth grefyddol a
ganwyd yn y bedwaredd ganrif ar ddeg. Ymddengys fod yr
ysgrifydd, Hywel Fychan, yntau'n teimlo ei fod yn dechrau
ar gyfnod newydd wrth droi at waith y cyfnod hwn.
Gorffennodd ei ddetholiad o ganu crefyddol oes y
tywysogion ar frig colofn 1193. Gadawodd weddill y golofn
yn wag, gan ddechrau awdl anferth Gruffudd ap Maredudd
i'r Grog o Gaer mewn colofn newydd. Ar ôl honno, trefnodd
ddetholiad o ganu'r bedwaredd ganrif ar ddeg, fel y
disgrifiwyd uchod. Rhoddir y prif sylw yn y casgliad i
Ruffudd ap Maredudd, y Gogynfardd o Fôn. Ar wahân i'r
gyfres hir o'i gerddi sy'n cyflwyno'r casgliad, ceir cyfres
swmpus arall ohonynt yn y canol. Casglwyd hefyd waith y
beirdd canlynol: Trahaearn Brydydd Mawr, Gwilym Ddu o

Arfon, Casnodyn, Bleddyn Ddu, Gruffudd ap Dafydd ap Tudur, Dafydd Bach ap Madog Wladaidd, Gruffudd ap Llywelyn Lwyd, Sefnyn, Madog Dwygraig, Rhisierdyn, Iorwerth ab y Cyriog, Iolo Goch, Gruffudd Fychan ap Gruffudd ab Ednyfed, Gruffudd Gryg, Llywelyn Goch ap Meurig Hen, Dafydd y Coed, Y Proll, Hywel Ystorm, Prydydd Breuan, Gronw Gyriog, Mab Clochyddyn, Llywelyn Ddu ab y Pastard, Rhys ap Dafydd ab Einion, Tudur ap Gwyn Hagr, Tudur Ddall, Iocyn Ddu ab Ithel Grach, Yr Ustus Llwyd, a Meurig ab Iorwerth. Detholiad digon hael ydyw, ond eto ceir tuedd bendant i ffafrio Ynys Môn a dyrnaid o feirdd eraill a berthyn i'r de-orllewin, nid nepell o gartref Hopcyn ap Tomas. Rywsut neu'i gilydd, cafodd Hopcyn neu ei weithwyr afael ar ffynhonnell neu ffynonellau o'r gogledd-orllewin. Wrth farnu pa mor bwysig oedd beirdd fel Gruffudd ap Maredudd, rhaid cadw'r ffynonellau hyn mewn cof. I ba raddau yr esgeuluswyd gweddill y wlad oherwydd nad oedd unrhyw ffynonellau wrth law?

Rhai yn unig o'r beirdd hyn sydd â chanu crefyddol i'w henwau. Unwaith eto, ni allwn wybod ai adlewyrchu eu blaenoriaethau hwythau y mae hyn, neu ddiffygion ein ffynhonnell. Am yr un rheswm, nid yw canran y canu crefyddol yn y casgliad o reidrwydd yn adlewyrchu'r realiti ychwaith. Rhyw 30 y cant ohono sy'n syrthio i'r categori 'canu crefyddol'. Gallai hynny fod yn fwy neu'n llai na'r ganran a berfformid ar lafar. Y mae'n swmp digon parchus, ond nid yw'n tra-arglwyddiaethu dros weddill y casgliad o bell ffordd. Er gwaethaf y pwyslais ideolegol am ganu i Dduw – pwyslais a welir, er enghraifft, yn nhrefniant Llawysgrif Hendregadredd ac yng nghyfarwyddiadau'r gramadegau barddol – nawdd seciwlar a diddordebau seciwlar oedd sylfaen economaidd y grefft farddol; dyna ffynhonnell y 70 y cant o farddoniaeth y Llyfr Coch sy'n seciwlar ei naws.

Arferir galw'r beirdd hyn yn Ogynfeirdd, gan eu cyfosod, felly, â Beirdd y Tywysogion mewn un garfan lenyddol y mae ei hanes yn ymestyn dros dair canrif. Elfen amlwg o barhad yn eu gwaith yw'r mesurau, sef y ffaith eu bod yn dal i lynu wrth y mesurau awdl. Gwelir parhad hefyd yn eu harddull astrus a dwys, ac yn enwedig yn y gynghanedd, a fu'n prysur ddatblygu dan y tywysogion ac a oedd wedi ymgaethiwo'n sylweddol erbyn oes Gruffudd ap Maredudd. Rhaid ystyried parhad o ran *genres* llenyddol yn ogystal: canu mawl i arglwyddi seciwlar, canu serch i ferched, canu i Dduw. Yma y ceir yr ansicrwydd mwyaf, oherwydd ar lefel *genre* y disgwyliem i'r gwrthgyferbyniad rhwng gwahanol lawysgrifau fod ar ei fwyaf amlwg. Hynny yw, rhaid meddwl am ddylanwad chwaeth llunwyr y llawysgrifau ar eu dewis yn gymaint â'r hyn a oedd ar gael iddynt. Dyma un enghraifft syml: ceir digonedd o gerddi dychanol yn Llyfr Coch Hergest. Cerddi afieithus o greulon ydynt sydd yn aml yn defnyddio delweddaeth rywiol. Dymunai awduron clerigol y gramadegau barddol wahardd y beirdd parchus rhag ymhél â'r cyfryw aflanwaith, ond ni lwyddasant. Dengys y cerddi yn ddigamsyniol fod eu hawduron wedi eu trwytho yng nghonfensiynau'r canu mawl arferol ac, yn wir, eu bod yn eu parodïo'n fwriadol. Nid oes arlliw o ganu dychanol tebyg i hwn yn Llawysgrif Hendregadredd. Ai newyddbeth ydoedd yn y bedwaredd ganrif ar ddeg, ynteu a oedd y mynaich a luniodd y llawysgrif honno yn arfer sensoriaeth? A barnu yn ôl celfyddyd uchel y canu dychan, yn ogystal â gwaith cyffelyb y beirdd Gwyddeleg, bu dychan yn rhan annatod o'r traddodiad barddol Cymraeg erioed. Yr ail esboniad sydd fwyaf tebygol, felly, sef bod dychan Beirdd y Tywysogion yn rhy annerbyniol i eglwyswyr i'w gadw. Cofiwn mai lleygwyr oedd Hopcyn ap Tomas a Hywel Fychan.

Nod yr hanesydd llên yw gwahanu hen a newydd. Ond pan dry at lenyddiaeth yr Oesoedd Canol a cheisio didoli'r tueddiadau newydd oddi wrth yr elfennau o barhad, fe'i gorfodir i bwyso ar ddeunydd sydd yn aml yn rhy dila i ddal pwysau ei gasgliadau. Byddai'n braf gallu cymharu'n ddigyfyngiad farddoniaeth y Gogynfeirdd diweddar â gwaith eu rhagflaenwyr dan y tywysogion. Amcan cwbl resymol yw hwn, ond yr hyn a wnawn mewn gwirionedd yw cymharu cynnwys dwy flodeugerdd, sef Llawysgrif Hendregadredd a Llyfr Coch Hergest, casgliadau a luniwyd gan bobl wahanol ar adegau gwahanol ac am resymau nad oes bellach ond dyfalu yn eu cylch, yn y gobaith fod y detholiad a wnaeth eu llunwyr yn cynrychioli'n deg gynnyrch barddol y ddau gyfnod. Cymerwn fel enghraifft y canu i'r Forwyn Fair.

Mair oedd un o ganolbwyntiau barddoniaeth grefyddol yr Oesoedd Canol, a thyfodd ei hamlygrwydd yng ngwaith beirdd y Gorllewin gyda threigl amser. Yng Nghymru, tybir y bu'r ddeuddegfed ganrif, yn sgil dyfodiad y Normaniaid a'r urddau crefyddol newydd, yn gam mawr ymlaen yn nhwf ei chwlt, ac yn y ganrif ganlynol, meddir, daeth dylanwad y Brodyr Crwydrol i gynyddu statws y Forwyn ymhellach. Os felly y bu hi, ymddengys fod y beirdd Cymraeg braidd yn hwyrfrydig i gofleidio'r cwlt yn ddiamod. Casnodyn, bardd a ganai yn hanner cyntaf y bedwaredd ganrif ar ddeg, yw'r bardd gwybyddus cyntaf y ceir ganddo gerddi cyfan i Fair, sef dwy gyfres o englynion a gedwir yn Llyfr Coch Hergest. Yn nes ymlaen yn y ganrif canodd Gruffudd ap Maredudd ddwy awdl a chyfres o englynion iddi. Ceir hefyd awdl gan Iolo Goch. O ran cerddi dienw, diogelwyd cyfres o englynion yn Llyfr Coch Talgarth sydd, a barnu yn ôl y defnydd o englynion tair llinell, yn hŷn nag unrhyw gerdd arall i Fair. Copïwyd dau englyn yn Llawysgrif Hendregadredd ar ôl i honno adael y fynachlog a mynd i ddwylo'r uchelwr Ieuan Llwyd ab Ieuan, ac y mae cynghanedd gywrain y llinellau hyn yn awgrymu dyddiad mwy neu lai cyfoes â'u cofnodi. Oni bai am y Llyfr Coch, felly, ni fyddai gennym ond olion pitw o gerddi i'r Forwyn Fair cyn c. 1400, sy'n

11 Ffigurau o Grist a'r Forwyn Fair a geid ar y Grog yn Eglwys yr Holl
Saint, Mochdre, sir Drefaldwyn, yn ail hanner y bedwaredd ganrif ar ddeg.

wrthgyferbyniad mawr i'r doreth o ganu a dderbyniai yng
nghanrif a hanner olaf yr Oesoedd Canol. Paham na cheir yr
un gerdd gyfan i'r Forwyn gan un o Feirdd y Tywysogion,
beirdd a oedd yn cydoesi â'r datblygiad mawr yn ei chwlt o
c. 1100 ymlaen?

Nid yw'n wir fod canu crefyddol Beirdd y Tywysogion yn
esgeuluso Mair. I'r gwrthwyneb, y mae'n gyforiog o
gyfeiriadau at ei rhan yng nghynllun yr Iachawdwriaeth ac
at ei swyddogaeth fel cyfrwng dwyn gweddïau'r hil ddynol o
flaen Crist. Fodd bynnag, y mae gwahaniaeth rhwng cysegru
i'r Forwyn le eilradd mewn cerdd a gyfeirir at Grist ac a
adeiledir o gwmpas mawl ac ymbil iddo ef, a chyfansoddi
cerdd gyfan yn ei chyfarch, gan ei gosod, felly, yn yr un lle
yn fframwaith y canu ag y gosodir Duw yn y canu iddo ef. Y
mae'n wahaniaeth sylfaenol mewn *genre*, a'r cwestiwn yw
pa bryd y digwyddodd hyn gyntaf? Ni cheir canu annibynnol
i Fair ymhlith gwaith Beirdd y Tywysogion yn Llawysgrif
Hendregadredd, ond erbyn amser y Llyfr Coch yr oedd
rhywfaint ar gael i'w gynnwys yno. Gall fod hyn yn
adlewyrchu realiti, sef mai yn gynnar yn y bedwaredd ganrif
ar ddeg yr ymroes y beirdd Cymraeg gyntaf i anrhydeddu'r
Forwyn mewn cerddi annibynnol, neu fe all mai rhith ydyw.
Efallai nad oedd cerddi Marïaidd Beirdd y Tywysogion at
ddant y sawl a luniodd Lawysgrif Hendregadredd, neu efallai
nad oeddynt yn digwydd bod yn y ffynonellau a ddefnyddid.
At ei gilydd, ymddengys fod lle yn yr achos penodol hwn i
dderbyn tystiolaeth y llawysgrifau yn weddol rwydd. Go
brin y byddai'r mynaich Sistersaidd a greodd Lawysgrif
Hendregadredd yn ymwrthod â'r cyfle i gynnwys canu i Fair
petai ar gael iddynt. Wedi'r cyfan, yr oeddynt yn fodlon
cynnwys tair cerdd hirfaith i'r seintiau Dewi, Cadfan a
Thysilio, a rhoi iddynt safle ddigon urddasol rhwng cerddi
i Dduw a cherddi i'r tywysogion. Ac nid oes rheswm
arbennig paham na ddylai cerddi i Fair fod wedi eu cofnodi
yn yr un ffynonellau â gweddill y farddoniaeth. Ategir y

ddamcaniaeth hon i raddau gan y cerddi cyfan i Fair hefyd, yn enwedig rhai Casnodyn. Dywed eu golygydd R. Iestyn Daniel eu bod yn 'drawiadol ddiwinyddol eu hosgo'. Yn sicr, amlinellir ynddynt gred swyddogol yr Eglwys fod Mair yn llenwi'r ail safle yn hierarchaeth yr Iachawdwriaeth:

Gwedi crair Creawdr difai,
Llanw môr-gymlawdd nawdd Noe,
Nid gwall (ym mwynball y mae):
Nid gwell crair no Mair na mwy.

Y mae'r mynegiant yn dra gofalus. Iawn yw canmol y Forwyn, os cofir ei bod hi'n ddarostyngedig i Grist. Yn y drefn honno y dylid eu trin: 'Moli Trindawd o'r frawd fry, / Molawd, mawr wawd, Mair wedy.' Yn wyneb hyn, nid yw'n syndod bod Casnodyn yn mynd i gryn drafferth i gyfiawnhau canu i Fair yn hytrach nag i'w Mab. Dyna a wna wrth agor yr ail gerdd:

Ni ddywaid preladiaid prudd
Yn moli Mair gair gormodd,
Eglwys wogawn, wiwddawn wedd,
Eglurder deddf hanner dydd.

Y mae'r apêl at awdurdod yr Eglwys fel petai'n lleddfu unrhyw anesmwythyd ynghylch hyfdra'r bardd. Efallai ei bod yn arwyddocaol fod Gruffudd ap Maredudd yntau'n dangos gochelgarwch diwinyddol cyffelyb wrth ganu i Fair. Egyr un o'i awdlau iddi drwy ei chyfarch a'i moli fel Mam Duw, agoriad sy'n arwain at sôn am gyfarchiad Gabriel a'r ymgnawdoliad. Arwain hyn yn ei dro at yr aberth ar y groes a rhyddhau'r hil ddynol o uffern. Dychwelir wedyn at y cyfarchiad a chanmol Mair am roi bod i waredigaeth dynion. Mewn geiriau eraill, cynhwysir yn yr awdl hon i Fair gyfran sylweddol o nodweddion yr awdlau i Dduw, gan gadw Crist yn y blaendir mewn llawer llinell. Yr oedd y ddau fardd hyn yn ymwybodol fod ffrwyth eu celfyddyd yn dwyn arwyddocâd diwinyddol pwysig a'i bod yn angenrheidiol iddynt ganu'n gywir yn ogystal ag yn gelfydd. Awgryma'u petruster nad oedd canu cerddi cyfan i Fair eto wedi ymsefydlu yn y Gymraeg: cymharer cywyddau lu'r bymthegfed ganrif gyda'u llawnder manylion apocryffaidd am fywyd y Forwyn. Dyma newyddbeth go iawn, felly, yn y casgliad o farddoniaeth a geir yn Llyfr Coch Hergest. Y mae'n wir i statws y Forwyn Fair gyrraedd anterth newydd yng nghanu Casnodyn a Gruffudd ap Maredudd, ond bob tro y gwnawn osodiad fel hwn, rhaid cofio ei fod yn seiliedig ar gorff dethol iawn o dystiolaeth.

Problem arall sy'n codi wrth gymharu'r cerddi yn Llawysgrif Hendregadredd a'r corpws yn y Llyfr Coch yw enwau pethau. Dangosodd y copïwyr agweddau pur wahanol at gyflwyno'u testunau. Tystia Llawysgrif Hendregadredd i drefnusrwydd y sawl a'i creodd. Uwchben pob cerdd, bron yn ddieithriad, saif pennawd sy'n rhoi nid yn unig enw'r bardd a'i canodd ond hefyd ryw awgrym ynghylch ei *genre*. Fel y dangosodd Nerys Ann Jones, y mae'r penawdau generig hyn yn dilyn patrymau eithaf caeth. Y prif elfennau yw enw'r bardd, yn aml yn dilyn y fformiwla 'X a'i cant', rhyw enw generig neu fydryddol fel 'awdl', 'canu', 'marwnad', 'englynion', ac enw'r gwrthrych. Y gwrthrych yn achos y canu crefyddol yw Duw, ac eithrio'r tair cerdd i seintiau. Ymddengys mai cerdd un caniad oedd 'awdl' i'r copïwyr hyn a'u bod yn neilltuo'r term 'canu' ar gyfer cerddi a genid ar fwy nag un odl, ond y mae'n anodd canfod gwahaniaeth yn sylwedd y cerddi a fyddai'n cyd-fynd â'r gwahaniaeth yn eu hyd. Ar sail y penawdau hyn, felly, tuedd ysgolheigion erbyn hyn yw sôn am yr 'awdl i Dduw' fel y prif *genre* ymhlith canu crefyddol Beirdd y Tywysogion. Y mae'r enw hwn yn adlewyrchu'n deg bwysigrwydd y gwrthrych a'r mesur ym meddylfryd y sawl a greodd y teitlau gwreiddiol, er ei fod yn cofleidio cerddi a elwir yn 'ganu' yn y llawysgrif yn ogystal ag 'awdlau' diymwad. Gwaetha'r modd, nid yw Llyfr Coch Hergest agos mor drefnus o ran y defnydd o benawdau ynddo. Fel y nodwyd uchod, cynullodd Hywel Fychan gerddi crefyddol gan Feirdd y Tywysogion ar ddechrau'r adran o'r llawysgrif a neilltuwyd i'r beirdd llys. Gadawodd y rhan fwyaf ohonynt yn ddibennawd ac eithrio, am ryw reswm aneglur, waith Cynddelw Brydydd Mawr a Gwynfardd Brycheiniog. Gwelir paham y mae ysgolheigion diweddar dan orfodaeth i fathu enwau generig ar y gwahanol destunau a ddarllenir, neu o leiaf i addasu'n sylweddol hynny o enwau a gynigir yn y llawysgrifau. Dwysáu a wna'r broblem yn y bedwaredd ganrif ar ddeg, oherwydd yn y ganrif honno nid yw trefnusrwydd Llawysgrif Hendregadredd ar gael yn ganllaw a rhaid dibynnu'n llwyr ar arferion anghyson y Llyfr Coch. Gyda pheth petruster, felly, cymerwn fod cerddi i Dduw ar fesur awdl yn dilyn traddodiad y cerddi cyffelyb a genid yn llysoedd y tywysogion, ac ystyried y ddwy garfan yn un.

O ran ffurf, gweddi ar Dduw yw'r awdl i Dduw. Cyferchir ef ar y dechrau, a chloir drwy ymbil arno am drugaredd. Yn y canol ceir cymysgedd o fawl, edifeirwch, cyffes, deisyfu a moesoli. Deublyg yw'r diddordeb: ymbilia'r bardd nid yn unig ar ei ran ei hun, ond hefyd dros eraill – ei gymuned, a hyd yn oed yr hil ddynol gyfan. Deublyg hefyd yw'r gynulleidfa: nid Duw yn unig, ond gwrandawyr dynol yn ogystal. Y mae amcan enghreifftiol a phregethwrol i'r canu, amcan a ddaw'n amlwg o'r mynych wibio rhwng y person cyntaf unigol a'r lluosog. Parhad yr awdl i Dduw yng ngwaith Gogynfeirdd y bedwaredd ganrif ar ddeg yw un o nodweddion amlycaf y casgliad yn Llyfr Coch Hergest. Ceir yno enghreifftiau gan Ruffudd ap Maredudd, Casnodyn. Bleddyn Ddu, Dafydd y Coed, Madog Dwygraig, Iorwerth ab y Cyriog a Llywelyn Goch. Gruffudd ap Maredudd yw awdur saith o awdlau i Dduw sy'n llenwi colofnau 1213–1219 o'r llyfr. Nid yw'n eglur ai fel un gerdd ac iddi saith caniad y dylem ddarllen y rhain, ynteu fel cyfres o gyfansoddiadau annibynnol, ond os perfformid hwy gyda'i gilydd, yna perfformiad go rwysgfawr ydoedd. Dangosant hefyd mor amrywiol y gall arddull y beirdd hyn fod. Gweddi ddwys am iachawdwriaeth yw'r awdl gyntaf, deugain llinell o hyd, ac eto cwta dair brawddeg sydd yma, yn cyffesu rhestr anferth o bechodau ac yn rhoi disgrifiad ffiaidd o bydredigaeth y corff dynol yn y bedd. Boed i'r bardd gael ei dderbyn i'r nef cyn iddo orfod wynebu'r anfadle hwnnw! Gwahanol iawn yw man cychwyn yr ail ganiad, ond yr un yw'r terfyn. Canmolir hyfrydwch y cread a'r byd naturiol, ac yna diolchir i Grist am ei aberthu ei hun er ein lles. Yn sicr, lle hardd yw'r byd hwn, ond:

> Unwedd hawl ddiddawl, hudawl fyrder – derfyn,
>   Yw hoedl dyn, tremyn trwm orober,
>   Ag adeilad brad bryd salwder – drydw
> Â'r dail o du'r bedw, nid arbeder,
> Neu hydd awr echwydd yn ochr creigfer – lefn,
>   Neu leisiad a'i gefn mywn trefn tryfer.

Nid yw bywyd dyn amgenach na nyth afrosgo a bregus drudwen, a chwythir ymaith gan yr awel, neu hydd ar graig lithrig ganol dydd lle y gall yr heliwr ei ddal, neu eog na ŵyr fod pysgotwr eisoes yn anelu ei fforch driphen ato. Cân o fawl mwy unplyg yw'r trydydd caniad, sy'n dychwelyd at bwnc y cread ac yn canmol Duw am ei ddaioni. Yn y caniad nesaf cawn gipolwg ar ddedwyddwch y nef mewn gwrthgyferbyniad ag arswyd uffern. Arwain hyn at ragor o ddeisyfu dwys (caniad 5), y tro hwn yn canolbwyntio ar ddydd Nadolig, y diwrnod llawen hwnnw y dangoswyd i'r hil ddynol gymaint oedd cariad Duw ati. Math o litani, neu restr o seiliau i obaith y bardd am iachawdwriaeth yw'r chweched caniad, yn disgyn o Dri Pherson y Drindod i lawr drwy'r Forwyn Fair, yr angylion, yr apostolion, y proffwydi, yr efengylwyr, Ioan Fedyddiwr, yr Eglwys gyfan a'r

sagrafennau, yn enwedig y bedydd a'r offeren, sy'n
ganolbwynt i'r caniad cyfan. Ar ôl y tywalltiad hwn o fawl a
gweddi, cloir y gerdd â chaniad tawelach, mwy cytbwys, yn
cydnabod goruchafiaeth Duw ac yn gobeithio am drugaredd
i'w fardd.

Yn sicr, *genre* ac ynddo fywyd o hyd oedd yr awdl i Dduw
yn y bedwaredd ganrif ar ddeg. Cerdd fwy uchelgeisiol hyd
yn oed na awdlau Gruffudd ap Maredudd i Dduw yw mawl
Casnodyn i'r Drindod. Nid oes amheuaeth nad un gerdd
yw'r wyth caniad hyn, oherwydd fe'u cysylltir â'i gilydd
drwy gyrch-gymeriad yn ogystal â thrwy eu testun, a cheir
awgrym gwerthfawr yng nghorff y gerdd ynghylch yr
achlysur y canwyd hi ar ei gyfer:

> Anturiwn, hwyliwn heli – a thonnau,
> A thynnwn fedd ein Rhi:
> Ynad pob gwlad, rad roddi,
> Un Iôn athrawon a Thri.

Ymddengys fod Casnodyn ar fin ymadael ar bererindod i'r
Tir Sanctaidd, ac yn nes ymlaen yn y gerdd y mae'n nodi
enw un o'i gymdeithion ar y daith beryglus hon: 'Treiddiom
ni, a mi a Morgant, / Trwy dau fôr, cyngor cyngharant.' Yr
oedd defodau ffurfiol ynghlwm wrth fynd yn bererin, gan
gynnwys gwasanaeth mewn eglwys lle y gwisgid y darpar
bererin yn ei glog ac y rhoddid iddo ei bwrs a'i ffon, a diau
fod cerdd Casnodyn yn rhan o ryw fath o ddathliad, boed yn
eglwysig neu seciwlar, i nodi ei ymadawiad.

Nid newyddbeth oedd cysylltu cerdd i Dduw â phererindod,
oherwydd canodd Gwalchmai ap Meilyr yn y ddeuddegfed
ganrif am ei fwriad yntau i fynd i'r wlad lle y saif beddrod
Crist, a cheir yn Llyfr Coch Hergest ddryll o awdl amheus ei
hawduraeth lle y mae'r bardd yn sôn amdano'i hun fel un sydd
wedi gweld y Tir Sanctaidd. Bardd arall a ganodd am fynd yno
yn y bedwaredd ganrif ar ddeg yw Gwilym Ddu o Arfon, os ef
biau'r gerdd fer yng ngholofn 1229 o Lyfr Coch Hergest. Ac

eto, ceir rhywfaint o dystiolaeth yn y canu fod y pwyslais ar ddimensiwn lleol crefydd ar gynnydd, neu efallai y byddai'n well dweud bod eglwysi unigol yn dechrau cynnig nawdd i'r beirdd er mwyn iddynt ledu'r gair am ragoriaeth creiriau'r eglwysi hynny. Digwyddasai hyn eisoes yn y ddeuddegfed ganrif wrth i dwf yr urddau crefyddol newydd fygwth breintiau'r hen glasau hybarch yn Nhywyn, Meifod a Llanddewibrefi. Gwyddys bod yr eglwysi hyn wedi cyflogi beirdd i ganu eu clodydd, ond ni chadwyd unrhyw enghreifftiau o'r ganrif ddilynol. Unwaith eto wynebwn anhawster cyfarwydd, sef anwastadrwydd y dystiolaeth, ond yn sicr y mae'r farddoniaeth grefyddol a gadwyd o'r bedwaredd ganrif ar ddeg yn gwrthgyferbynnu â gwaith Beirdd y Tywysogion o ran ei chysylltiadau â lleoedd penodol. Canodd Dafydd ap Gwilym i ddelw o Grist yng Nghaerfyrddin, cerdd a gopïwyd mewn gofod gwag yn Llawysgrif Hendregadredd, ac i luniau o Grist a'r apostolion mewn eglwys anhysbys. Canodd Gruffudd ap Maredudd i'r Grog yng Nghaer, a bu Tyddewi yn wrthrych canmoliaeth wresog mewn cywydd gan Iolo Goch. Y mae'r ffaith fod cywyddau Dafydd a Iolo wedi goroesi ar dafodleferydd yn awgrym cryf fod galw am eu clywed. O hyn ymlaen hyd chwyldro'r Diwygiad Protestannaidd, byddai mannau pererindota yn elfen sefydlog yn rhwydweithiau nawdd y beirdd, boent yn rhai enwog fel Tyddewi a Threffynnon, neu'n rhai cwbl ddi-nod fel Llanllwchaearn ger Y Drenewydd. Serch anawsterau'r dystiolaeth, y mae'n demtasiwn credu mai datblygiad newydd oedd hwn.

Edrychwn eto ar y gerdd gyntaf o waith Gogynfeirdd y bedwaredd ganrif ar ddeg a gopïodd Hywel Fychan yn Llyfr Coch Hergest. Hon, wedi'r cyfan, oedd ei ddewis ef i gyflwyno'r oes newydd mewn barddoniaeth Gymraeg. Awdl Gruffudd ap Maredudd ap Dafydd i'r Grog o Gaer yw hi, cerdd sydd â hawl i'w hystyried yn gampwaith canu crefyddol y ganrif. Ar un lefel, cerdd nodweddiadol, onid eithafol o Ogynfarddol, ydyw. Y mae'r ieithwedd yn hynod o

12 Eglwys Ioan Fedyddiwr, Caer: lleoliad y Grog o Gaer.

ddwys ac astrus; defnyddir lliaws o eiriau cyfansawdd a geiriau hynafol, ac yn bennaf oll, pentyrrir disgrifiadau dirifedi heb ddefnyddio llawer ar ferfau wedi eu rhedeg. O ran adeiledd, nid yw'r gerdd yn dilyn un trywydd, ond yn hytrach gwëir y moliant o gwmpas y prif themâu, gyda llawer o ailadrodd er mwyn eu pwysleisio, yn union yn null y canu mawl a berfformid gynt yn llysoedd y tywysogion. Ar y llaw arall, cerdd sy'n arwydd o newid byd yw'r awdl i'r Grog o Gaer. Atgofion yn unig a arhosai am ddiwylliant y llysoedd Cymreig bellach, a gallai bardd mor geidwadol ei osgo â Gruffudd ap Maredudd ganu clodydd tref yn Lloegr ('[g]loyw Gaer goeth o fro Loegr gain'), ac efallai gael ei noddi gan rywun o'r dref honno – ni wyddom pwy oedd noddwr yr awdl, ond byddai rhyw eglwyswr a oedd yn gysylltiedig ag Eglwys Ioan, lle y cedwid y grog, yn bosibilrwydd amlwg. Dyma gerdd na ellir dychmygu ei chanu yn oes y tywysogion, a gallwn fod yn sicr fod

Gruffudd yn arloesi yma wrth droi i gyfeiriad Caer am nawdd. Yn y ganrif nesaf byddai llu o feirdd Cymru yn dilyn ôl ei draed i'r eglwys uwchben afon Dyfrdwy, yn eu plith Ieuan Brydydd Hir a Maredudd ap Rhys, y naill i ymbil am ryddhad o'i afiechyd poenus a'r llall i ddiolch yn llawen i'r grog am adfer ei allu i gerdded. Nid oedd Gruffudd yn arloeswr cwbl ddigymar, fodd bynnag. Yr oedd Dafydd ap Gwilym eisoes wedi dangos y ffordd drwy ganu ei englynion i Grog Caerfyrddin, bwrdeistref a oedd yr un mor Saesneg â Chaer y pryd hwnnw ac a elwir yn 'Deifr Saesnectref' yng ngherdd Dafydd. Rhaid cyfaddef nad oedd Dafydd mor hael ei fawl â Gruffudd, a digon daufiniog yw'r cwpled

> Lle deifrdaer yw Caer, lle nid cas – myned
> Er mwyn delw nefolblas.

Eto i gyd, elfen sy'n uno'r ddwy gerdd yw'r defnydd helaeth o ddelweddaeth y môr a'r llanw, ac y mae'n gwbl bosibl fod Gruffudd yn gyfarwydd â'r englynion hyn. Erbyn y bymthegfed ganrif byddai toreth o gerddi yn cael eu cyfansoddi ar gyfer eglwysi ledled Cymru a thu hwnt, yn bropaganda i ddenu'r sâl a'r musgrell i'r creirfâu yn y gobaith o gael gwellhad o'u poen. Wrth i hen ffynonellau nawdd ddiflannu, yr oedd cyfleoedd newydd yn ymagor.

Trwy ddadansoddi'n ofalus y dystiolaeth a gadwyd i ni, felly, y mae modd didoli hen a newydd mewn llenyddiaeth ganoloesol, sef adnabod yr elfennau o barhad traddodiad a'r datblygiadau i gyfeiriadau gwahanol – hynny yw, y mae modd edrych ar farddoniaeth Gymraeg yr Oesoedd Canol â llygad hanesydd. Ond yn aml iawn bydd yr hanesydd llên, yn union fel haneswyr eraill y Cymru ganoloesol, yn dod wyneb yn wyneb â'r broblem o lunio naratif ar sail ffynonellau annigonol. Y llawysgrifau sy'n llywio pob ymdrech i greu naratif am farddoniaeth Gymraeg, ac o anghenraid, bydd hanes y canrifoedd hyn yn un bylchog ac ansicr.

DARLLEN PELLACH

R. Iestyn Daniel (gol.), *Gwaith Casnodyn* (Aberystwyth, 1999).

Eamon Duffy, *The Stripping of the Altars: Traditional Religion in England 1400–1580* (New Haven a Llundain, 1992).

Daniel Huws, *Medieval Welsh Manuscripts* (Caerdydd, 2000).

Daniel Huws, 'Llyfr Coch Hergest' yn R. Iestyn Daniel et al. (goln.), *Cyfoeth y Testun: Ysgrifau ar Lenyddiaeth Gymraeg yr Oesoedd Canol* (Caerdydd, 2003), 1–30.

Nerys Ann Jones, 'Ffynonellau Canu Beirdd y Tywysogion', *Studia Celtica*, XXXVII (2003).

Barry J. Lewis (gol.), *Gwaith Gruffudd ap Maredudd ap Dafydd, ii: Canu Crefyddol* (Aberystwyth, 2005).

Peter Lord, *Gweledigaeth yr Oesoedd Canol* (Caerdydd, 2003).

Catherine McKenna, *The Medieval Welsh Religious Lyric: Poems of the Gogynfeirdd, 1137–1282* (Belmont, Mass., 1991).

Glanmor Williams, *The Welsh Church from Conquest to Reformation* (arg. diwygiedig, Caerdydd, 1976).

Rosemary Woolf, *The English Religious Lyric in the Middle Ages* (Rhydychen, 1968).

LLYGREDD GWLEIDYDDOL YN NE CYMRU, 1600–1660

Stephen K. Roberts

Empson and Dudley's projects were but toys,
Cranfield and Ingram only made a noise,
Micha'l Mumpesson soar'd and had a fall,
But Propagation robs our God of all.

Alexander Griffith

.

O'r cychwyn cyntaf bu llygredd gwleidyddol yn elfen gynhenid o bob cenedl a gwladwriaeth gorfforaethol. Gellir diffinio hyn fel gwyrdroi'r proses o lywodraethu er budd personol neu breifat. Y mae academyddion, gwleidyddion a gweinyddwyr yn ymddiddori mewn llygredd nid yn unig oherwydd y goblygiadau ar gyfer dinasyddion ac ansawdd y llywodraethu a wneir ar eu rhan, ond hefyd oherwydd fod llygredd yn gallu bod yn fygythiad hyd yn oed i fodolaeth gwladwriaethau. Ceir enghreifftiau yn yr ugeinfed ganrif o lywodraethau yn Asia yn syrthio i ddwylo *juntas* milwrol am fod lefelau annerbyniol o lygredd wedi rhoi esgus i luoedd arfog ymyrryd. Yn ystod y blynyddoedd diwethaf y mae'r cyhoeddiad blynyddol *Global Corruption Report* wedi darparu arolwg byd-eang o lefelau llygredd fesul gwladwriaeth, gan restru gwledydd yn ôl eu 'glendid' gwleidyddol. Nid yw'n hawdd, serch hynny, i haneswyr astudio llygredd yn y gorffennol, yn bennaf oherwydd y broblem o geisio cymharu'n deg. A oedd llygredd yn digwydd yn y gorffennol yn yr un dull a modd ag y mae heddiw? A oedd y ffin rhwng ymarweddiad derbyniol ac annerbyniol yn y gorffennol yn debyg i'r hyn ydyw yn y byd modern? A oedd gwahaniaethau cymdeithasol a rhanbarthol yn bodoli, ynteu a oedd yr un safonau o gywirdeb a gonestrwydd cyhoeddus rywbeth yn debyg ymhobman? Dyfynnir yn aml wireb L. P. Hartley mai gwlad estron yw'r gorffennol, ond rhaid cofio ei bod hi'n wlad fawr iawn yn ogystal. Hyd yn oed yn y gymdeithas orllewinol, heb sôn am weddill y byd, go brin y bu erioed safon unffurf neu gyson o ymarweddiad cyhoeddus. Er mwyn dod i gasgliadau rhesymol, ystyriwn yn gyntaf y cwestiynau cyffredinol ynghylch sut y byddai dinasyddion Tuduraidd a Stiwartaidd yn trafod llygredd, cyn troi at achos neilltuol Cymru yn ystod teyrnasiad y Stiwartiaid cynnar a'r Werinlywodraeth.

Ceir digon o achosion trawiadol o wladweinwyr yn
syrthio oddi wrth ras yn yr unfed ganrif ar bymtheg a'r ail
ganrif ar bymtheg i awgrymu ar unwaith fod eu cyfoeswyr
yn gwybod yn burion beth oedd llygredd. Cafodd Francis
Bacon (1561–1626), arglwydd ganghellor yn llywodraeth
Iago I, ei erlid o'i swydd am dderbyn llwgrwobrwyon, a bu'n
rhaid i Lionel Cranfield, iarll Middlesex (1575–1645),
fforffedu ei swydd fel arglwydd drysorydd oherwydd iddo
newid trefniadaethau llys er mwyn pluo'i nyth ei hun. Y
gwaethaf ymhlith nifer o fonopolwyr gwarthus oedd Giles
Mompesson, gŵr a gywilyddiwyd ym 1621 am fudrelwa ar
drwyddedau a roddai i dafarnwyr. Ym mhob un o'r achosion
uchod, trafodaethau yn y Senedd a fu'n bennaf cyfrifol am
lorio'r drwgweithredwyr hyn. Ac yn y cofnod o'r sylwadau
ar y pryd ceir digon o dystiolaeth i ddangos bod hon yn
gymdeithas a wyddai sut i wahaniaethu rhwng yr hyn a
oedd er lles y wlad a'r hyn a oedd er budd unigolion. Câi lles
y cyhoedd – *common weal* – ei ddyrchafu fel nod aruchel i
ymgyrraedd ato, a byddai pwy bynnag a oedd â'i fryd ar
ymgyfoethogi ar draul y cyhoedd fwy na thebyg yn dod dan
lach ei gydwladwyr. Gwelid pethau yn ddu a gwyn yn
fynych, ac ar adegau neilltuol, megis cyfnod pregethwyr y
'gymanwlad' yn union wedi'r Diwygiad Protestannaidd (y
mae Hugh Latimer yn enghraifft amlwg), rhoddid sylw
manwl mewn pregethau a phamffledi i wahanol fathau o
ddrwg arferion cymdeithasol a gwleidyddol. Yr oedd yr
hinsawdd ar gyfer datgelu drygioni cyhoeddus yn debygol o
ddwysáu tra parhâi dylanwad y Piwritaniaid, ac felly y bu
yn ystod seneddau Siarl I. Dan ddylanwad meddylfryd a
bwysleisiai atebolrwydd yr unigolyn gerbron Duw, yr oedd
ymddwyn yn gyfrifol wrth drin arian cyhoeddus yn fater a
oedd yn rhwym o gael ei gymryd o ddifrif.

Nid oedd llygredd gwleidyddol yn yr ystyr o wyrdroi cwrs
gweinyddiaeth gyhoeddus er budd personol wedi ei gyfyngu i
bwysigion y wladwriaeth yn Llundain. Er mwyn cynnal

cyfraith a threfn a gweinyddu cyfiawnder yn lleol, dibynnai'r Tuduriaid a'r Stiwartiaid ar y bonedd i weithredu fel ustusiaid heddwch, siryfion ac, i raddau llai, fel aelodau seneddol. Ni dderbynient dâl am unrhyw un o'r swyddogaethau hyn. Yn wir, yn achos siryfion byddai'r baich ariannol yn drwm ac yn debygol o achosi cryn golled iddynt. At hynny, nid oedd honno'n oes o ddemocratiaeth nac o atebolrwydd i'r pleidleiswyr. Bychan iawn oedd yr etholaethau, a dim ond mewn ystyr lac yr oedd hyd yn oed aelodau seneddol yn atebol i unrhyw farn gyhoeddus leol. Yn achos swyddogion eraill, ceid hierarchaeth o atebolrwydd, ond i'r Goron yn unig. Mewn swyddi di-dâl yr oedd eu deiliaid yn ddigon cyfoethog i geisio amdanynt, ceid llai o gyfle i arfer llygredd ariannol. Ond os mai un rheswm dros lygredd mewn bywyd cyhoeddus oedd blys am gyfoeth bydol, ysfa am rym oedd un arall, ac ni wnâi bod mewn swydd ddi-dâl ddim i bylu hynny. Mewn achosion lle'r oedd ynadon, meiri neu siryfion yn llygredig, yr hyn a wnaent oedd ffafrio'u cyfeillion neu erlid eu gelynion lleol er mwyn cynyddu eu grym eu hunain, neu rym eu cyfeillion a'u perthnasau. Un o'r prif ffynonellau ar gyfer ymchwilio i'r amrywiaeth hwn o lygredd yn ystod teyrnasiad Elisabeth I a'i holynydd Iago I yw cofnodion Llys Siambr y Seren. Bwriadwyd hwn, er gwaethaf ei amhoblogrwydd diweddarach a arweiniodd at ei ddiddymiad ym 1641, i fod yn llys cyfiawnder lle y gallai deiliaid y deyrnas ddwyn achosion yn erbyn ei gilydd. Yr oedd yn amlwg yn boblogaidd ymhlith bonedd ac iwmyn Cymru, a rhestr cofnodion Llys y Seren, a gyhoeddwyd gan Ifan ab Owen Edwards ym 1929, yw'r arweiniad gorau o hyd i hanes troseddu yng Nghymru cyn y rhyfeloedd cartref.

Er mwyn bod yn gymwys i'w ystyried, disgwylid i achos a ddeuai gerbron Llys y Seren gynnwys honiad o ryw fath o drais. Rhaid bod yn wyliadwrus ynghylch gormodiaith a chamystumio gan yr achwynyddion, felly, yn enwedig wrth iddynt ddisgrifio'r grym a ddefnyddiwyd yn eu herbyn gan y

diffynyddion. Ond hyd yn oed wedyn, y mae cofnodion Llys
y Seren yn rhoi darlun rhyfeddol o'r dulliau amrywiol a
dyfeisgar a arferid gan bobl lwgr mewn bywyd cyhoeddus. Y
mae cofnodion llawer o achosion wedi goroesi ar gyfer pob
sir yng Nghymru, ond dyma rai enghreifftiau o sir Fynwy.
Ym 1566 galwyd pobl Cwm-iou ynghyd gan David Price,
ustus heddwch, i wrando ar ddarlleniad o broclamasiwn,
ond wedi iddynt ymgynnull, hawliodd gymorthau ganddynt,
sef dafad gan bob un. Yna aeth yn ei flaen i wneud yr un
peth yn Llanfihangel Crucornau. Ddeng mlynedd yn
ddiweddarach, dan arweiniad Morgan Griffith, aeth haid o
bobl ati i orfodi maer ar dref Casnewydd, gan fygwth dial ar
unrhyw un a feiddiai eu gwrthwynebu. Ym 1581 gwthiodd
carfan o dylwyth anferth Morgan eu ffordd i mewn i lys y
maer yno, gan ddymchwel y dodrefn. Y Morganiaid eto, dan
arweiniad Syr Thomas, a drefnodd ymgyrch i greu dychryn
ym Mrynbuga a Chasnewydd ym 1600, gan fygwth troi'r
sesiynau heddwch yn 'sesiynau rhyfel'. Ceir llawer o
achosion tebyg yn ymwneud yn benodol â Gwent. Un o
elfennau amlycaf y rhain oedd y defnydd a wneid o
rwydwaith y teulu estynedig i wyrdroi cwrs cyfiawnder, ac
un arall oedd y gystadleuaeth barhaus a fodolai rhwng y tai
bonedd – yng Ngwent bu ymdderu cyson rhwng y
Morganiaid a'r Herbertiaid. Ond gallai achwynyddion
weithiau weld troi'r fantol yn eu herbyn yn y llys. Honnwyd
ym 1583 mai'r unig reswm y daeth Thomas Morgan o
Fachen ag achos gerbron Llys y Seren oedd er mwyn
hyrwyddo'i uchelgais i ddod yn *custos rotulorum*, sef prif
ynad y sir. Yn yr achos hwn dadleuai'r diffynyddion fod
Morgan o Fachen wedi dod â'i wrthwynebydd Syr William
Herbert o Sain Silian i'r llys oherwydd ei ofn fod hwnnw i'w
weld yn fwy brwd nag ef yn ei sêl Brotestannaidd.
　　Y mae'r achos olaf hwn, lle y datgelwyd yn y llys
gymhellion yr achwynydd yn ogystal ag ymddygiad y
diffynnydd, yn amlygu problem natur y dystiolaeth. Y

mae'n anodd dod i gasgliad pendant ynghylch graddfa llygredd yn oes y Tuduriaid a'r Stiwartiaid am wahanol resymau, ac un ohonynt yw bod pob adroddiad wedi ei lunio gan rywun a oedd fel arfer â rhyw gysylltiad â'r achos. Mewn pwnc lle y mae celu a thwyllo wrth ei graidd, y mae'r trywyddau ffug, yr hel esgusion, a'r gorddweud, yn bur ddadlennol. Tuedda'r patrymau y gellir eu gweld yn yr adroddiadau i ddisgrifio ffurf ar gamymddygiad ymhlith bonedd ac iwmyn sy'n gyfunol yn ei hanfod yn hytrach nag yn unigolyddol. Serch hynny, y mae'n hynod o anodd dod i unrhyw benderfyniad ynghylch hyd a lled llygredd gwleidyddol yng Nghymru, heb sôn am faint o arian a wnaed ac i ba raddau y gwyrdrowyd cwrs cyfiawnder. Daw'n amlwg, fodd bynnag, mewn cyferbyniad â chamymddygiad rhai o uchel swyddogion y wladwriaeth, na wnaethpwyd unrhyw sylw yn y Senedd cyn 1640 ynghylch camweddau ynadon, cwnstabliaid neu gomisiynwyr lleol a benodwyd gan lysoedd y gyfraith, ymhell o Lundain. Ar wahân i achosion penodol a ddaeth gerbron y llysoedd, nid ystyrid cyn cyfarfod y Senedd Hir fod llygredd gwleidyddol rhanbarthol yn broblem ddifrifol yng Nghymru nac yn Lloegr. Ar y pryd, cyfyng oedd y cylch cyhoeddus lle y trafodid pynciau'r dydd. Gwyddom fod gan bobl ddiddordeb mewn newyddion, ac erbyn hyn gwrthbrofwyd yn llwyr y gred na faliai pobl a drigai ymhell oddi wrth ganolbwynt grym ddim oll am wleidyddiaeth. Ond gan nad oedd gwasg rydd yn bodoli, na chyfrwng i ledaenu gwybodaeth a datblygu syniadau, prin iawn oedd y cyfle i gynnal trafodaeth gyhoeddus.

Gwaetha'r modd, nid yw'r problemau'n cilio hyd yn oed ar ôl cydnabod hunan-les a chyfyngiadau eraill yr adroddiadau. Bodolai ymwybod cryf o'r hyn a olygid wrth ymarweddiad priodol ac amhriodol, ond ni chollfernid rhai mathau o ymarweddiad cyhoeddus y byddem heddiw yn eu hystyried yn llwgr, gan nad oedd dim byd yn eu cylch yn haeddu cerydd

y pryd hwnnw. Yr achosion amlycaf oedd derbyn ffioedd am
bob gweithred weinyddol, a phrynu a gwerthu swyddi. Byddai
swyddogion o bob math yn derbyn ffioedd a mân fanteision
ychwanegol, ac ystyrid hyn yn gwbl dderbyniol. Gellid prynu
swyddi o fewn llysoedd barn, eu gwerthu a'u trosglwyddo
trwy freinlen, ac yr oedd swyddi o'r fath yn fwy cysylltiedig â
gweinyddiaeth gyhoeddus yr adeg honno nag ydynt heddiw.
Nid oedd dim byd llwgr nac amheus ynglŷn â'r arferion hyn.
Byddai deiliad swydd yn nodi mewn breinlythyrau fod ei
blant neu ei bartneriaid busnes i'w olynu, a byddai swydd
neilltuol yn rhedeg mewn rhai teuluoedd am genedlaethau.
Un enghraifft dda yw'r teulu Carne o'r As Fach, Morgannwg.
William Carne oedd derbyniwr y cyllid brenhinol yn ne
Cymru, a chafodd swydd cyfrifwr yn y trysorlys, yn ôl pob
tebyg trwy atchweliad. Cafodd ei fab, William, y swydd
honno ar ei ôl a'i throsglwyddo i'w frawd, Edward Carne, am
oes ym 1623 trwy freinlythyr gan y brenin. Ym 1634 cafodd
William, y mab, swydd arall iddo'i hun ac i'w fab yntau, y tro
hwn fel derbyniwr trwyddedau i werthu tybaco. Rhaid oedd
talu £200 y flwyddyn i'r brenin am y fraint, a chaent gadw'r
holl arian trwyddedau a gasglent. Gan ehangu eu gweithgar-
eddau, sicrhaodd William a'i fab swydd arall yn y trysorlys
ym 1635. Am resymau sy'n parhau'n aneglur, aflwyddiannus
fu busnes dal swyddi'r teulu Carne, a gadawyd partner busnes
William Carne i wynebu'r cyfrifoldeb ym 1640 ar ôl i William
ei heglu hi am y Cyfandir. Dengys achos y teulu Carne nid yn
unig fod swyddi'n cael eu trin fel nwyddau, ond hefyd sut yr
oedd arferion a fyddai'n cael eu hystyried yn dra amheus yn
ein hoes ni, yn dderbyniol mewn bywyd cyhoeddus ar y pryd.
Y mae'n bosibl y byddai eu cyfoeswyr wedi barnu i'r teulu
fod yn annoeth wrth fuddsoddi cymaint o'u harian a'u hegni
mewn swyddi dan lywodraeth a gwympodd yn y pen draw,
ond ni fyddent wedi tybied eu bod yn llwgr.
      Derbyn nawdd oedd y prif lwybr tuag at sicrhau swydd. O
dan y Stiwartiaid cynnar gweithredai nawdd mewn modd

hierarchaidd, fel drych o strwythur y gymdeithas gyfan. Y
brenin oedd ar frig y pyramid nawdd, ac oddi tano yr oedd
teuluoedd pendefigaidd y plastai, yna'r bonedd ac felly
ymlaen ar i lawr, fesul haen, a'r holl adeiladwaith wedi ei
gyd-gloi gan rwymau economaidd megis prydlesi tir. Yn ne
Cymru, y ddau dylwyth pendefigaidd mwyaf grymus oedd y
teulu Somerset o Raglan a'r teulu Herbert, o Gaerdydd
mewn enw ond mewn gwirionedd â'u plasty yn Wilton
yn Wiltshire. Ieirll Caerwrangon oedd penteuluoedd y
Somersetiaid trwy'r cenedlaethau, ac ieirll Penfro oedd
penteuluoedd yr Herbertiaid. Byddent yn dosbarthu nawdd
yn helaeth iawn ymhlith eu dibynwyr bonheddig a'u
tenantiaid, ac effeithiai hyn ar holl strwythur gwleidydd-
iaeth de-ddwyrain Cymru. Yr oedd y teulu Carne yn
denantiaid i ieirll Penfro, a phan gychwynnodd y rhyfeloedd
cartref, penderfynodd Thomas Carne o Brocastle ger Ewenni
lynu wrth y seneddwr Philip Herbert, y pedwerydd iarll,
mewn gwasanaeth milwrol; yn gyntaf yn erbyn yr Albanwyr
ym 1640, ac ar ôl 1642 yn erbyn y brenhinwyr Seisnig.
Nododd sylwebydd cyfoes fod atgasedd at y 'Raglanders'
Pabyddol wedi symbylu 'creatures of the house of Pembroke'
yn sir Fynwy ym 1645, ac ymhlith y rhain yr oedd
Morganiaid Machen a Herbertiaid Coldbrook.

Mewn cyfnod mwy heddychlon, y mae John Byrd, casglwr
tollau porthladdoedd Môr Hafren, yn enghraifft o nodwedd
'diferu i lawr' y gyfundrefn nawdd. Yn ŵr o Fryste heb
unrhyw gyfoeth personol, a gyda dim ond cefndir teuluol o
wasanaeth dinesig rhagorol y tu ôl iddo, priododd Byrd i
mewn i'r gangen honno o deulu bonedd y Seys a oedd yn
byw yng Nghaerllion. Yr oedd y Seys yn denantiaid ac yn
ddeiliaid swyddi ar ystad ieirll Penfro, a thrwy ei deulu
newydd sicrhaodd Byrd swydd casglwr tollau, gan ei dal yn
gadarn rhwng y 1620au a'r 1660au. Yr oedd yn ddibynnwr
uniongyrchol i'r Seys ac yn is-ddibynnwr i'r iarll – neu o
fewn cylch ei reolaeth. Gwnaeth arian trwy dderbyn ffioedd

gan fasnachwyr yn unol â graddfa y cytunwyd arni, ac
estynnai yntau nawdd trwy argymell dynion ar gyfer swyddi
llai pwysig. Byddai'n rhoi anrhegion i'r sawl a'i cynorthwyai
gyda'i gyfrifon, ac i'w gyd-swyddogion yn y tollty yn
Llundain, a hynny'n amlwg er mwyn sicrhau eu bod yn
cofio amdano, ac yntau mor bell i ffwrdd, a hefyd rhag ofn y
byddai'n rhaid iddo ofyn ffafr ganddynt ryw ddiwrnod. Trwy
apelio at nifer o gefnogwyr grymus, llwyddodd i wrthsefyll
pob bygythiad i'w swydd gan noddwyr eraill. Yr oedd gofyn i
Byrd ddeall yr union safon ymddygiad ar gyfer ei
ymarweddiad cyhoeddus. Gallai anfon pasteiod anferth 36
pwys i'r dyn a'i cynorthwyai gyda'i gyfrifon, ac arian i brynu
diod i fechgyn ystafell gefn y tollty, ond nid anfonodd erioed
anrhegion at ysgrifennydd comisiynwyr y tollau nac
ychwaith siarad yn or-gyfeillgar ag ef, sef y dyn y dibynnai
arno'n fwy na neb am sicrwydd ei swydd. Y mae'r hyn a
wnâi Byrd yng Nghymru i'w gyffelybu ag ymarweddiad yr
enwocaf o weinyddwyr morwrol yr ail ganrif ar bymtheg yn
Lloegr, sef Samuel Pepys, gŵr a ymboenai yn hir ynghylch
derbyn anrhegion gan gontractwyr a obeithiai gael gwaith
ganddo.

Er gwaethaf y gwahaniaethau yn eu safle cymdeithasol,
eu lefelau incwm a'u soffistigeiddrwydd cyffredinol, yr oedd
Byrd a Pepys yn llwyddiannus yn eu gwaith ac yn
gweithredu yn ôl safonau arferol a derbyniol bywyd
cyhoeddus yr oes. Nid oedd yr un o'r ddau yn llwgr, er eu
bod yn byw mewn diwylliant lle'r oedd ffeirio swyddi a
chyfnewid ffafrau ac anrhegion ag eraill i'w disgwyl yn y
byd cyhoeddus. Yn wir, a barnu yn ôl llyfr llythyrau Byrd a
dyddiadur Pepys, yr oedd gan y ddau ohonynt amgyffrediad
clir o god ymarweddiad. Ymdrechodd Byrd i gynnal
sefydliad tollau yng Nghaerdydd a oedd yn deyrngar i'r
'wladwriaeth', sef y gair a ddefnyddiai amlaf yn ei ohebiaeth
adeg diddymu'r frenhiniaeth ym 1649. Gweithiodd Pepys yn
galed i ddiwreiddio'r budrelwa cywilyddus, y camddefnydd

o arian cyhoeddus a'r lefel isel o gyflawniad yn yr iardiau
llongau brenhinol yn ystod teyrnasiad Siarl II. Pa fath o
ymarweddiad a ystyrid yn annerbyniol ganddynt, felly? Beth
yn hollol oedd llygredd pan oedd pawb wrthi? Fel y
dywedodd yr hanesydd Joel Hurstfield: 'When all men tip
the waiter, the waiter is not corrupted.' Ar un ystyr,
dibynnai'r ateb ar y raddfa o dderbyn anrhegion. Gwyddai
Pepys a Byrd yn reddfol fwy na thebyg pan fyddai anrheg yn
rhy fawr ac yn rhy werthfawr yn y cyd-destun y rhoddwyd
hi, ac y mae hyn yn esbonio poen meddwl Pepys pan
roddwyd dysgl arian iddo yn hytrach na'r gwin a'r nwyddau
bwytadwy arferol. Ond yn bwysicach, ystyrid ymddygiad yn
llwgr yn ôl ei ganlyniadau. Yn yr holl achosion o lygredd yn
ymwneud â gwleidyddion a ddaeth gerbron y llysoedd neu'r
Senedd, ar *ganlyniadau*'r ymddygiad amhriodol y manylid
bob tro. Ym mhob achos, yr oedd crebwyll, penderfyniadau
ac ymddygiad y cyhuddedig wedi eu gwyrdroi trwy gymryd
llwgrwobrwyon. Arian oedd wedi rheoli eu gweithredoedd,
a hynny er budd personol yn hytrach na budd y cyhoedd.
Bradychu'r cyhoedd fel hyn a gâi ei gondemnio, ac
arweiniodd at sawl cwymp trawiadol.

Yr oedd y safonau ymarweddiad a'r patrymau cyffredinol o
lygredd a ddisgrifiwyd uchod yn gyffredin yn ystod
teyrnasiad Elisabeth I ac Iago I, a hefyd yn ystod pymtheng
mlynedd cyntaf teyrnasiad Siarl I. Datgelid y rhan fwyaf o
achosion llygredd yn y Senedd, a byddent i ryw raddau'n
ymwneud â chynnen yn y llys; ni chaent fawr ddim effaith ar
y rhan fwyaf o bobl ledled Cymru a Lloegr. Er i asiantau Syr
Giles Mompesson wasgu arian oddi ar dafarnwyr yn y
rhanbarthau, yn San Steffan y wynebai eu cyflogwr ei gosb.
Byddai'r asiantau yn colli eu swyddi, ond ni chaent eu herlyn
yn y llysoedd. Bu newid yn y patrwm hwn ar ddechrau'r
rhyfeloedd cartref. Yn y seneddau cyn 1640, byddai aelodau
seneddol yn bwrw eu llid ar weision y brenin, gan dargedu
ffefrynnau'r brenin am fod gwrthrychau eraill eu dicter y tu

hwnt i'w cyrraedd. Y mae problemau ariannol y Stiwartiaid, eu cyndynrwydd i bleidio'r achos Protestannaidd yn Ewrop, eu gwrthwynebiad i'r cydymdeimlad at y Piwritaniaid o fewn lleiafrif arwyddocaol o'r dosbarth llywodraethol, a'u diffyg hyblygrwydd cyffredinol, yn ddigon hysbys, ac nid oes angen manylu arnynt yma. Oherwydd eu bod yn ymddieithrio fwyfwy oddi wrth y bonedd yn Nhŷ'r Cyffredin, ac oherwydd elfennau beirniadol yn Nhŷ'r Arglwyddi, tyfodd cydgefnogaeth ymysg y seneddwyr. O ganlyniad, pan gyfarfu'r Senedd Hir yn Nhachwedd 1640 yr oedd eu beirniadaeth bron yn unfrydol. Serch hynny, newidiodd y sefyllfa honno'n gyflym, yn enwedig ar ôl dienyddio Thomas Wentworth, iarll Strafford, un o brif weinidogion y brenin, pan ddechreuwyd pleidio naill ai achos y Senedd neu achos Siarl I. Aflwyddiannus fu'r uchelgyhuddiad yn erbyn Strafford, a gynhwysai honiadau iddo ymddwyn yn llwgr yn Iwerddon, a phenderfynwyd ar atentiad am fradwriaeth. Ar ôl hynny bu newid dramatig ym mhatrwm yr ymraniadau gwleidyddol.

Hyd yn oed cyn i'r rhyfeloedd cartref ddechrau yn Awst 1642, gwelid ymraniadau ymhlith beirniaid llym y brenin. Ym 1641 yr oedd carfan y 'fiery spirits' (chwedl yr aelod seneddol Syr Simonds D'Ewes) ymhlith yr aelodau seneddol a ymdrechai i ddiwygio'r drefn, a daeth y rhain yn arweinwyr plaid y rhyfel yn Nhŷ'r Cyffredin ar ôl 1642. Ni wnaeth y rhyfel ddim i atal yr ymrannu cynyddol yn y Senedd. Hyd yn oed ar ôl diarddel brenhinwyr amlwg, a oedd yn adnabyddus fel milwyr yng ngwasanaeth y brenin neu fel gwarchodwyr iddo yn ei lys yn Rhydychen, parhâi'r rhwygiadau ymhlith y gweddill yn San Steffan. Trodd y rhan fwyaf o benboethion 1641–2 yn feirniaid ffyrnig o gadlywyddion milwrol seneddol megis iarll Manchester, a gyhuddid o fod yn ddiog a swrth yn eu dull o ymladd y rhyfel yn erbyn Siarl I. Dechreuodd y gwahaniaethau crefyddol ddyfnhau o 1644 ymlaen nes iddynt ddod i atgyfnerthu'r safiadau gwleidyddol ynghylch rheoli cwrs y rhyfel. Yn sgil y datblygiadau hyn daeth ieithwedd 'llygredd' i'r amlwg. Ymgorfforiad o'r ysbryd penboeth oedd Oliver Cromwell, a oedd yn bwrw ymlaen â'i ffrae â iarll Manchester ym 1644 er mwyn cael gwared â chadfridogion llugoer. Dadleuai un o gefnogwyr Cromwell mai trachwant a chenfigen ar y brig a oedd yn gyfrifol am berfformiadau milwrol gwael, ac o'r herwydd daeth dimensiwn moesol yn amlycach yn y dadlau brwd. Yr Annibynwyr a enillodd y frwydr arbennig hon ac yr oedd Cromwell yn flaenllaw yn eu plith. Yn y cyswllt hwn, cynrychiolid y rhai a gollodd, sef y Presbyteriaid, gan iarll Manchester. Canlyniad deddfwriaethol hyn oedd gorchymyn hunanymwadu Ebrill 1645, a oedd yn gwahaniaethu rhwng swydd sifil a swydd filwrol. Yn llai hysbys, o bosib, yw'r gwaharddiad a osododd y gorchymyn ar ddal swydd, a'r 'hawl' i dderbyn ffioedd a mân fanteision traddodiadol. Ni châi aelodau seneddol ddal swydd bellach, a byddai unrhyw swydd a ddelid yn y dyfodol yn haeddu cyflog teilwng.

Yr oedd y gorchymyn hunanymwadu felly yn gam arwyddocaol tuag at ddileu ffioedd mewn swyddi, yn dra moesol ei bwyslais, ac yn gynnyrch sawl blwyddyn o gydedliw yn y Senedd ynghylch safonau mewn bywyd cyhoeddus. Dyna pryd y dechreuodd y math hwn o ieith-wedd a gwleidyddiaeth ddod i'r amlwg yn y rhanbarthau. At ei gilydd bu Cymru yn deyrngar i'r brenin, ond cafwyd tro ar fyd ym 1645 wrth i ddylanwad y Senedd gryfhau yn y wlad. Rhwng 1642 a 1645 yr oedd gwleidyddiaeth Cymru yn gyfyngedig i gymryd ochrau yn lleol a chefnogi cyfres o ysgarmesoedd milwrol aflwyddiannus, a'r rheini bron i gyd yn rhai adweithiol. Gyda'r etholiadau recriwtiol o 1646 ymlaen, daeth patrwm newydd ym mywyd gwleidyddol de Cymru i'r golwg, a'r ffigwr allweddol ar ddechrau'r proses hwnnw oedd Syr Robert Harley (1579–1656) o Brampton Bryan, castell ar y gororau ger Llwydlo. Diolch i astudiaeth

13 Syr Robert
Harley (1579–1656)
o Brampton Bryan,
ger Llwydlo.

arloesol G. F. Nuttall, *The Welsh Saints 1640–1660* (1957), y
mae Harley yn fwyaf adnabyddus i fyfyrwyr hanes Cymru
fel noddwr duwiol i wleidyddion Piwritanaidd, 'the first
that brought the gospel into these parts'. Dyma'r Harley y
bu ei 'glofan' – siroedd Maesyfed, Henffordd ac Amwythig –
yn feithrinfa i ddoniau gweinidogion megis Walter Cradock,
a mwy na thebyg Morgan Llwyd. Ond yr oedd gwedd arall i
Harley; meddai ar ddawn i drefnu'n wleidyddol ac
etifeddwyd y dalent honno gan ei fab Edward (1624–1700).
Yn ystod y rhwyg rhwng y Presbyteriaid a'r Annibynwyr,
gyda'r cyntaf yn bendant yr ochrai teulu Harley. Y mae
haneswyr wedi gwastraffu llawer o inc yn ceisio diffinio a
dadansoddi'r ddwy garfan hyn: yr oedd eu ffiniau'n bur
annelwig, ac ni allent hawlio teyrngarwch yr holl aelodau
seneddol a'r arglwyddi ar y pryd o bell ffordd. Erbyn 1646 yr
oedd y Presbyteriaid yn awyddus i gael cytundeb gyda'r
brenin ac i ail-lunio'r eglwys wladol yn ôl dull yr Alban, tra

oedd yr Annibynwyr yn benderfynol o orchfygu Siarl unwaith ac am byth a sicrhau llawer mwy o oddefgarwch crefyddol.

Ymledodd yr ymraniadau yn San Steffan i'r rhanbarthau, a dechreuwyd gweld dylanwad y rhwyg Presbyteraidd/ Annibynnol ar yr ymgiprys a'r tensiynau lleol ymhlith cefnogwyr y Senedd yn y siroedd. Yng Nghaerloyw bu arweinwyr y ddinas, a oedd â rhan yn rhedeg y garsiwn a'r pwyllgor sir, yn cweryla ag Edward Massie, y cadlywydd lleol. Yr oedd y straen yn amlwg erbyn Mai 1644, a wynebai Massie, a oedd yn Bresbyteriad, elyniaeth o du Thomas Pury, yr Annibynnwr a'r henadur yn ninas Caerloyw. Erbyn 1646 yr oedd Massie wedi ochri gyda'r Harleyiaid, y teulu gwleidyddol mwyaf blaenllaw yn swydd Henffordd o fis Rhagfyr 1645 ymlaen. Gweithient i ddyrchafu eu dibynwyr eu hunain mewn pwyllgorau ac isetholiadau, ac o ganlyniad sicrhaodd Massie, Edward Harley a'i frawd Robert seddau iddynt eu hunain (ym Maesyfed yr oedd sedd Robert). At hynny, yr oedd yr Harleyiaid yn eiddigeddus o newydd-ddyfodiaid i'w tiriogaeth, fel y dengys y modd y cafodd y Cyrnol John Birch, cyn-fasnachwr o Gaerhirfryn a drodd yn swyddog byddin, ei drin. Cyhuddwyd Birch o ymddyrchafu'n ormodol ac o gasglu eiddo'n drachwantus, sef y mynegiant mwyaf arferol o lygredd erbyn hynny. Dechreuodd yr Harleyiaid a'u cyfeillion yn swydd Henffordd ymgyrchu yn Nhŷ'r Cyffredin ac yn y pwyllgor sir i gael gwared â Birch, a oedd wedi cipio dinas Henffordd i'r Senedd trwy strategaeth filwrol ddyfeisgar. Ni ddaeth y fendeta neilltuol hon i ben nes i Birch ei hun ennill sedd yn y Senedd, ac i'r Harleyiaid sylweddoli fod ganddynt fwy yn gyffredin yn wleidyddol â'r Birch ceidwadol nag y tybiasant.

Trwy ddefnyddio'r Senedd fel uchelseinydd, traws-newidiwyd y ffrwgwd rhwng Annibynwyr Caerloyw a Massie, a'r anghydfod rhwng yr Harleyiaid a Birch, o fod yn gwerylon bach lleol i fod yn rhyfel gwleidyddol difrifol.

Manteisiai pwyllgorau a dadleuon yn y Senedd ar brofiadau
lleol i esbonio a datblygu safbwyntiau gwleidyddol, a byddai'r
rhain yn eu tro yn porthi'r helyntion lleol wrth iddynt
ddigwydd. Yn y cyfnod hwnnw câi'r berthynas atgyfnerthol
rhwng y Senedd a'r rhanbarthau effaith negyddol yn aml. Hyd
hynny bu'r ymrafael mewnol yng Nghaerloyw a swydd
Henffordd yn gyfyngedig i'w rhanbarthau eu hunain ond, ar
ôl sefydlu pwyllgor newydd i gadw golwg ar siroedd de-
ddwyrain Cymru a gororau Lloegr, cawsant eu dwyn at ei
gilydd, gan greu cyfleoedd newydd ar gyfer cynnen.
Ymatebodd y fyddin i ymgyrch yr Harleyiaid yn erbyn
milwyr Birch a'u gelyniaeth at y Fyddin Fodel Newydd dan
arweiniad yr Annibynwyr. Yn unol ag arferion yr oes,
lledaenwyd propaganda ganddynt yn erbyn teulu Brampton
Bryan ym 1647, gan dynnu sylw at eu 'triciau budron'
honedig. Gan fod brwdfrydedd Protestannaidd bellach yn
ffactor gyffredin ymhlith y pleidiau, a bod modd defnyddio'r
wasg argraffu'n ddirwystr, ni châi Harley ei fawrygu mwyach
fel noddwr duwiol i weinidogion. O safbwynt y modelwyr
newydd, cêl-frenhinwr oedd Harley, amddiffynnwr didostur y
cafaliriaid, a'i ddylanwad yn ymestyn i dde Cymru, fel bod
pwyllgorwyr ac aelodau seneddol newydd yn ddyledus am
bopeth iddo ef a'i gyfaill honedig, Richard Vaughan, iarll
Carbery. Honnwyd bod yr Harleyiaid wedi rheoli etholaethau
trwy adael i frenhinwyr beidio â thalu eu dirwyon, ac ar ben
hynny yr oeddynt wedi ymgyfoethogi trwy elwa ar diroedd
eglwysig a atafaelwyd, a thrwy gymryd arian oddi ar
frenhinwyr a'i gadw iddynt eu hunain:

> Sir R[obert] H[arley] hath a thousand pounds in his
> hands, of one Charles Price a delinquent, and will not
> deliver it [to the state], and hath bought one Mr Howes
> his estate, a delinquent which hath been in arms.

Honnwyd hefyd fod eu cyfaill Massie yntau wedi elwa'n
sylweddol ar y rhyfel.

The Firſt and Second Part
O F
GANGRÆNA:
O R
A Catalogue and Diſcovery of many of the
Errors, Hereſies, Blaſphemies and pernicious Pra-
ctices of the Sectaries of this time, vented and acted
in England in theſe four laſt yeers.

Alſo a particular Narration of divers Stories, Remark-
able Paſſages, Letters; an Extract of many Letters, all con-
cerning the preſent Sects; together with ſome Obſervations
upon, and Corollaries from all the fore-named Premiſſes.

By THOMAS EDWARDS Miniſter of the Goſpel.

The third Edition, corrected and much Enlarged.

2 TIM. 3. 8, 9. Now as Jannes and Jambres withſtood Moſes, ſo do these alſo reſiſt the truth; men of corrupt minds, reprobate concerning the Faith. But they ſhall proceed no farther, for their folly ſhall be manifeſt to all men, as theirs alſo was.
2 PET. 2. 1, 2. But there were falſe Prophets alſo among the people, even as there ſhall be falſe Teachers among you, who privily ſhall bring in damnable Hereſies, even denying the Lord that bought them, and bring upon themſelves ſwift deſtruction. And many ſhall follow their pernicious ways, by reaſon of whom the way of truth ſhall be evill ſpoken of.
JUDE verſ. 19. Theſe be they who ſeparate themſelves, ſenſuall, having not the Spirit.

Luther in Epiſt. ad Galat. ...
Luther Epiſt. ad Smalcaldiam ...

LONDON, Printed by T.R. and E.M. for Ralph Smith, at the ſign of the Bible
in Cornhill near the Royall Exchange. M.DC.XLVI.

14 Wynebddalen cyfrol fileinig Thomas Edwards, *Gangraena* (1646).

Yr oedd ymosodiadau gwrth-Annibynnol gan awduron Presbyteraidd lawn mor hallt â chondemniadau'r fyddin o arferion llwgr Massie a'r Harleyiaid. Y pennaf o'r rhain oedd y casglwyr gwybodaeth am lygredd, sef Thomas Edwards a Clement Walker, a'r golygydd papur newydd, Marchamont Nedham. Yng nghyfrol anferth Edwards, *Gangraena* (1646) – yr oedd ei deitl yn adlewyrchu ei gynnwys – tynnwyd sylw darllenwyr at ymddygiad gwarthus yr Annibynwyr, gan grybwyll hefyd ymddygiad y gweinidogion Cymreig, Vavasor Powell, Richard Symonds a William Erbery. Eu camwedd oedd osgoi'r drefn archwilio ar gyfer gweinidogion, a reolid gan y Presbyteriaid ac a sefydlwyd gan glerigwyr Cynulliad Westminster. Rhestrodd Clement Walker yn *The History of Independency* (1648) enghreifftiau o'r modd yr oedd yr Annibynwyr yn gwthio'u cefnogwyr ar bwyllgorau, i swyddi gyda'r wladwriaeth, ac i fywoliaethau eglwysig er budd sectyddol ac elw personol. Ym mhapur newydd Marchamont Nedham, *Mercurius Pragmaticus*, datgelwyd a cheryddwyd ymddygiad hunanol yr Annibynwyr yn y Senedd, ynghyd â'u llygredd. Ond beth oedd wrth wraidd y cecru hwn?

Ar ôl diwedd yr hyn a elwir y rhyfel cartref cyntaf ym 1646, yr oedd angen dod i gytundeb ynghylch llywodraeth y wlad at y dyfodol. Yr oedd y brenin yn gynllwyniwr diedifar, yn nwylo'r Albanwyr i ddechrau ac yna yn nwylo'r Fyddin Fodel Newydd, a thrwy'r cyfan cynllwyniai'n barhaus i'w ailsefydlu ei hun ar yr orsedd. Un rheswm dros daerineb cynyddol yr honiadau a'r gwrth-honiadau o lygredd oedd y ffaith fod cymaint yn y fantol yn wleidyddol, a'r sefyllfa'n dwysáu o hyd. Cyrhaeddodd y condemniadau gwrth-Bresbyteraidd eu hanterth ym 1647, yr un pryd ag y daeth prif awdurdodau'r Fyddin Newydd ag achosion o uchel-gyhuddo yn erbyn aelodau seneddol Presbyteraidd blaenllaw, gan gynnwys Edward Harley a Massie. Bu'n rhaid i Massie ffoi i'r Iseldiroedd, ac enciliodd Harley i Essex. Bu cymod o ryw fath rhwng y ddwy garfan ym 1648, yn enwedig wedi peth gwrthryfela yn erbyn y Senedd mewn amryw o fannau, gan gynnwys de Cymru dan arweiniad y cyn-Bresbyteriad a oedd bellach yn frenhinwr, Rowland Laugharne o sir Benfro, a than Syr John Owen yng ngogledd Cymru. Penderfynwyd tynged y brenin pan drechwyd y gwrthryfeloedd hyn ac, yn sŵn y fyddin yn ei gollfarnu fel 'man of blood', gyrrwyd y Presbyteriaid allan o'r Senedd Hir o'r diwedd gan luoedd arfog ym mis Rhagfyr 1648. Carcharwyd Syr Robert Harley a'i feibion a daeth eu dylanwad yn swydd Henffordd a mannau eraill i ben.

Yng nghyswllt y digwyddiadau tyngedfennol hyn, yr oedd llygredd gwleidyddol yn ne Cymru yn thema yn nadan-soddiad y fyddin o ddylanwad yr Harleyiaid. Serch hynny, nid y berthynas drionglog rhwng y fyddin, y Senedd a'r ymrafaelion rhwng seneddwyr siroedd gororau Lloegr yn unig a effeithiai ar wleidyddiaeth y rhanbarth a'r modd yr ystyrid camymddygiad mewn bywyd cyhoeddus. Yr oedd hanes llygredd a oedd yn benodol Gymreig yn datblygu, ac yn ei ganol yr oedd Philip Jones (1618–74), rhydd-ddeiliad a phwyllgorddyn o Langyfelach. Ni wyddys dim am ei yrfa gynnar, er y gallwn dybio iddo dderbyn addysg dda a rhywfaint o hyfforddiant yn y gyfraith. Nid yw ei ymddygiad yn ystod y rhyfeloedd cartref yn eglur ychwaith gan fod yr unig sylw amdano yn deillio o ffynhonnell elyniaethus pan oedd y frwydr Bresbyteraidd Annibynnol ym 1646–8 yn ei hanterth. Yn ddiweddar iawn, daeth ffynhonnell i'r golwg sy'n awgrymu bod Jones yn gapten ym myddin Syr Thomas Myddelton, byddin a gâi ei chyllido o Lundain. Dyma'r fyddin a oresgynnodd ganolbarth a gogledd Cymru ym 1644–5. Ceir y cofnod cyntaf am Jones ynddi yn Ebrill 1645, ar ôl trosglwyddo'r awenau i Thomas Mytton, ond awgryma'r cyfeiriad hwn ato fod ganddo brofiad milwrol cyn ymddangos fel sifiliad ym mhwyllgor Caerdydd ym mis Rhagfyr 1645. Gwelir hefyd iddo sicrhau ei fod yn symud o fyddin Bresbyteraidd i gylch y Fodel Newydd, a

oedd dan awdurdod Annibynnol yn bennaf. Wedi iddo gael
ei ddyrchafu'n gyflym yn llywodraethwr ar Gaerdydd ac
Abertawe, daeth Jones yn ffigwr canolog ar bwyllgor
llywodraethol de Cymru, sefydliadau a ffieiddid gymaint
gan frenhinwyr a Phresbyteriaid fel ei gilydd. Clywid
cwynion am Jones o 1648 ymlaen. Dywedid iddo brynu tŷ
yn Abertawe trwy ffafrio brenhinwr, derbyn llwgrwobr yn
Llundain, a chael eiddo arall trwy dwyll mewn cyfarfod
pwyllgor. Dyma'r math o gyhuddiadau yn ei erbyn a welir
yn gyson mewn adroddiadau amdano drwy gydol y 1650au,
ond y peth pwysig i'w nodi yw cyd-destun ehangach yr
ymosodiadau cynharaf hyn arno; y maent yn perthyn i'r
math o edliw bai a grybwyllwyd eisoes yn swyddi Henffordd
a Chaerloyw, helyntion a achoswyd gan ymdrechion yr
Annibynwyr a'r Presbyteriaid am oruchafiaeth. Yn wir, un
feirniadaeth ohono oedd ei fod wedi cefnu ar Abertawe pan
ymddangosodd y gwrthryfelwr Presbyteraidd Rice Powell
yno ym 1648, a ffoi i swydd Henffordd. Nid dyma'r tro
cyntaf i Jones fynd i'r sir honno. Bu'n ffraeo ag elfennau o'r
pwyllgor sir yno ym mis Tachwedd 1646 pan oedd ef a
hwythau mewn egwyddor yn pleidio'r un achos. Fe'i
cyhuddwyd gan gefnogwyr Syr Robert Harley o'r 'sinister
practice of inviting strangers, unknown to us whether of our
committee or not'. Dengys y digwyddiad hwn sut y taflodd
Jones ei hun i ganol yr ymryson ffyrnig yn Henffordd;
cludodd y diwylliant o ddatgelu a chollfarnu gwleidyddol o
dir y gororau i dde Cymru yn ei berson ef ei hun.

Achosodd y gynnen rhwng Philip Jones a charfan Harley
yn sir Henffordd chwerwedd parhaol. Am y tro, Philip Jones
a'r Annibynwyr oedd biau'r dyfodol. Fel noddwr diwyd a
duwiol i weinidogion ymhell y tu hwnt i'w filltir sgwâr ei
hun, yr oedd Syr Robert Harley wedi ceisio ymdrechu i
ddwyn cyflwr y weinidogaeth Gymreig yng Nghymru i
sylw'r Senedd ym 1641. Yn ei ddeiseb, a arwyddwyd gan
weinidogion megis Walter Cradock, Ambrose Mostyn,

William Wroth a William Erbery, cyflwynodd gynllun manwl ar gyfer taenu'r efengyl yng Nghymru, a bu hwnnw'n destun trafod cyson yn y Senedd, yn enwedig pan lwyddai'r aelodau i anghofio'u hymrafael mewnol. Yn y diwedd, serch hynny, aeth y cynlluniau i anfon gweinidogion i Gymru gyda chymeradwyaeth Cynulliad Presbyteraidd Westminster i'r gwellt o ganlyniad i'r ymbleidio. Erbyn i'r mesur enwog gael ei fabwysiadu o'r diwedd gan Senedd yr Ychydig Weddill ym mis Chwefror 1650, nid oedd arno arlliw o'r dylanwadau Presbyteraidd a fu'n cynnal yr ymgyrch yn nyddiau tywyll goruchafiaeth y brenhinwyr yng Nghymru. Yr oedd yr hyn a gafwyd yn gynnyrch nid yn unig Annibyniaeth yn y Senedd – a elwid erbyn hynny yn Senedd yr Ychydig Weddill – ond hefyd y dylanwadau milflwyddol yng Nghymru. Yr oedd y milflwyddwyr yn argyhoeddedig y gellid gweld ôl llaw Duw yng nghanol helyntion yr oes, ynghyd â'i gynllun ar gyfer sefydlu teyrnas Crist. Yr oedd eu brwdfrydedd heintus dros y gred hon yn dra gwahanol i agwedd ddysgedig a chymdeithasol geidwadol y Presbyteriaid. Ymgorfforwyd dyheadau'r milflwyddwyr yn y Comisiwn er Taenu'r Efengyl yng Nghymru (1650–3), a bron o'r dechrau daeth y comisiwn hwn yn enwog am gamymddygiad gwleidyddol.

Y cyfan sydd angen ei ddweud yma am weithgareddau'r 'taenwyr' yw eu bod wedi ailddosbarthu'r cyfoeth a gasglwyd o ddegymau a gymerwyd oddi ar elynion y Werinlywodraeth: y brenhinwyr, y Goron ac offeiriadaeth yr eglwys Anglicanaidd. Yn hytrach na phenodi gweinidogion i fywoliaethau sefydlog, penderfynodd comisiynwyr y taeniad gyllido gweinidogaeth deithiol. Ochr yn ochr â hyn, gweithredwyd rhaglen o ddiswyddo gweinidogion y tybid eu bod yn byw bywydau 'cywilyddus', ynghyd â chynllun gweddol fach i gyllido ysgolion ac ysgolfeistri. Bu gan Philip Jones gysylltiad agos â'r prosiect hwn, ac ysgwyddodd dipyn go lew o'r feirniadaeth ar y pryd ac ar ôl hynny. Dangosodd

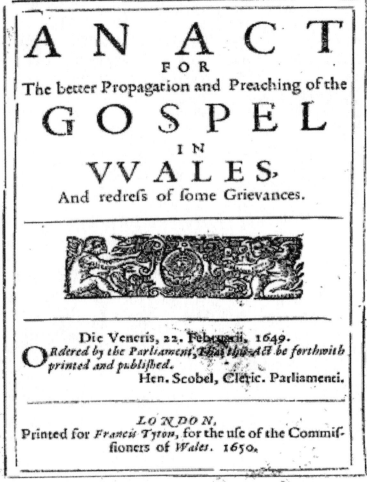

15 Deddf Taenu'r Efengyl yn amgenach yng Nghymru,
a basiwyd ym 1650.

Thomas Richards yn ei gyfrol *A History of the Puritan
Movement in Wales, 1639 to 1653* (1920) beth oedd natur yr
ymosodiad ar y taenwyr, a gwnaeth ei orau i achub enw da'r
comisiynwyr. Gan ddilyn ei ddehongliad ef, gallwn grynhoi'r
cyhuddiadau yn eu herbyn fel a ganlyn: annhegwch wrth roi
bywoliaethau eglwysig yn rhad i gyfeillion a pherthnasau;

dal rhenti dyledus yn ôl; cyflogi gweinidogion ac ysgolfeistri brenhinol neu annymunol a 'chywilyddus' a throsglwyddo arian eglwysig i'w pocedi eu hunain.

Gan fod y cyhuddiadau yn erbyn y taenwyr mor helaeth a chyson trwy'r 1650au, ac iddynt barhau felly hyd yn oed wedi i'r cynllun ddod i ben ym 1653, dim ond blas y gellir ei roi yma o rai hanesion o lygredd. Dywedid bod y swm o £40,000 y flwyddyn am bedair blynedd wedi ei gasglu mewn rhenti eglwysig a chyfraniadau, ond bod 700 o blwyfi yn parhau heb unrhyw ddarpariaeth grefyddol. Casglwyd degymau gwerth £200,000 yn ne Cymru, ond 'not one penny [was] paid in or accounted for to the state'. Defnyddiodd Philip Jones ei wybodaeth am drefniadaeth weinyddol i brynu tiroedd ym Morgannwg a reolid gan y llywodraeth pan ddaethant ar y farchnad a, thrwy dwyll, amddifadu'r tenant meddiannol o'i hawliau i gael y cynnig cyntaf arnynt. Yna anfonodd ei frawd yng nghyfraith gyda milwyr i fwrw allan y tenant, tacteg a gondemniwyd fel 'circumvention and surprisal'. Dyrchafodd Jones ŵr a oedd yn anghymwys i ddal swydd i fod yn brif swyddog cyfraith de Cymru, a rhoes hwnnw wedyn i'w noddwr wybodaeth freintiedig am diroedd a oedd ar werth. Yn sgil cyflwyno deiseb yn erbyn drwg arferion cyhoeddus yng Nghymru, sefydlwyd pwyllgor dethol seneddol yn San Steffan i ymchwilio iddynt. Daethpwyd ar draws clerc i ryw gorff yr ymchwilid iddo ar y pryd yn arddweud gorchymyn wrth glerc y corff a oedd yn cynnal yr ymchwiliad. Ar ôl cael ei ddal, tawodd, gan ddweud wrth y clerc arall am roi'r gorau i ysgrifennu. Yr oedd y rhestr yn ddiddiwedd ac yn ddigon difrifol i esgor ar drafodaeth yn y Tŷ, cyhoeddi gorchymyn ym 1654 i gynnal archwiliad ôl-weithredol o gyfrifon y taenwyr, a chreu deddfwriaeth newydd ym 1659. Pan basiwyd y Ddeddf Indemniad ac Angof gan Senedd y Brenhinwyr ym 1661, rhoddwyd sylw penodol mewn rhai cymalau i adfeddiannu arian eglwysig yng Nghymru, ac o'r

16 Darlun gan arlunydd anhysbys o'r Cyrnol Philip Jones
(1618–74), *c*.1655.

herwydd yr oedd llawer o gyn-gasglwyr a chyn-atafaelwyr yn bur bryderus wrth ymddangos gerbron comisiynwyr Llys y Siecr.

Ceisiodd Thomas Richards amddiffyn y taenwyr, gan ddangos mor afresymol oedd llawer o'r cyhuddiadau yn eu herbyn, ond heb eu llwyr gyfiawnhau o bell ffordd. I'r meddwl modern, y mae llawer gormod o enghreifftiau o gyfoeth personol yn cael ei grynhoi ar draul yr Eglwys ac unigolion i neb allu eu cyfiawnhau. Ceisiai 'Doc Tom' achub cam cyfundrefn y tybiai ef ei bod yn bwysig yn y proses o ffurfio'r Gymru yr oedd yn ei hadnabod ac yn ei charu. Nid oedd ganddo lawer o ddiddordeb yn y dull y lledaenwyd yr hanesion hyn am lygredd. Mewn cyferbyniad, y mae ysgolheigion modern yn ymddiddori fwyfwy yn y diwylliant print newydd a dreiddiodd drwy'r gymdeithas yn ystod y 1640au a 50au ar ôl i sensoriaeth ddod i ben ac i angerdd syniadau newydd gynyddu.

Daw'r dystiolaeth am lygredd yng Nghymru yng nghanol yr ail ganrif ar bymtheg yn bennaf o'r ymgyrch mewn print a gyd-drefnwyd yn erbyn y troseddwyr. Argraffwyd a chyhoeddwyd yn Llundain ryw ugain o lyfrau neu bamffledi ar y thema hon. Amrywiai eu tôn o'r difrif a'r cryno ar y naill law i'r hysteraidd a'r sgatolegol ar y llall. Sylwer, er enghraifft, ar y cyferbyniad rhwng tôn y ddau ddyfyniad canlynol; y cyntaf yn ateb i amddiffyniad Vavasor Powell o'i gydweithwyr:

> For your character of the commissioners that most of them are really godly, we will not gainsay you, but wish they may approve themselves so, when their actions shall be scanned.

Y mae rhesymoldeb a chwrteisi'r uchod yn dra gwahanol i'r darn canlynol a gyhoeddwyd yn *Strena Vavasoriensis* (1654) gan yr un awduron :

Strena Vavasoriensis,

A

NEVV-YEARS-GIFT

FOR THE

WELCH ITINERANTS,

Or a HUE and CRY after

Mr. *VAVASOR POWELL*,

Metropolitan of the *Itinerants*, and one of the *Executioners* of the *Gospel*, by colour of the late *Act* for the *Propagation* thereof in *Wales*;

AS ALSO

A true Relation of his Birth, Courfe of Life, and Doctrines;

TOGETHER WITH

A. Vindication of feveral places of Scripture wrefted and abufed, againft the prefent Government, and all publick Minifters of this Nation.

His Hymn Sung in *Chrift-Church London*; With an *Antiphona* thereunto; and a lively *Defcription* of his *Propagation*.

Raro antecedentem Sceleftum
Sequitur pede Pœna claudo.

Pro. 26.5. *Anfwer a Fool according to his folly, left he be wife in his own conceit.*
Gen. 4.14. *I fhall be a Fugitive and a Vagabond in the Earth, and it fhall come to pafs, that every one th it findeth me, fhall flay me.*

LONDON, Printed by *F.L.* 1654.

17 Wynebddalen *Strena Vavasoriensis* (1654), ymosodiad ffyrnig ar weithredoedd a chymeriad Vavasor Powell.

And how modest the gentleman is, may appear by his obscene expressions in a sermon preached at Llanddinam . . . where being willing to justify a sister that had slipped, becomes her compurgator in these words, that he called God to witness, he never saw a saint f[uck] or occupy a saint, which he explained thus in the Welsh tongue, Yr wyf yn galw Duw yn dyst, ni welais i erioed sant yn mynd ar santes.

O ran galwedigaeth yr oedd cryn debygrwydd rhwng y ddau ddialydd a luniodd y pamffledi hyn a'u gelynion. Bu'r cyfreithiwr Edward Freeman a'r offeiriad a ddisodlwyd, Alexander Griffith, yn cynorthwyo'i gilydd i gynnal yr ymosodiad. Daeth y ddau i gysylltiad o ganlyniad i'r ffaith eu bod yn byw ar y gororau a bod ganddynt gysylltiadau â Gray's Inn, un o neuaddau'r frawdlys yn Llundain. Yn bwysicaf oll, yr oedd ill dau wedi eu diswyddo. Collasai Griffith ei fywoliaeth, a Freeman ei swydd yn y llysoedd Cymreig ar ôl iddo wneud y camgymeriad o herio Philip Jones. Gan eu bod wedi gweithio cymaint ar y cyd, ni ellir priodoli awduraeth y pamffledi yn daclus i'r naill na'r llall, ond yn y bôn dewisodd Griffith, yr offeiriad, ymlid y gweinidog a'r pregethwr teithiol Vavasor Powell, ac aeth Freeman, y cyfreithiwr, ar ôl yr aelod o'r Cyfrin Gyngor a'r monopolydd swyddi yn ne Cymru, Philip Jones. Oni bai am hynny, ni fyddai'r un o'r ddau wedi ennyn fawr ddim sylw yn eu dydd. Gwelir bywgraffiad o Griffith yn yr *Oxford Dictionary of National Biography* ac yn *Y Bywgraffiadur Cymreig*, a bydd hanes Freeman ar gael cyn bo hir yng nghyfrolau *History of Parliament: House of Commons 1640–1660*. Digon yw dweud yma fod Freeman yn hanu o deulu o rydd-ddeiliaid cyffredin, a'i fod wedi dal mân swyddi cyn i'r rhyfeloedd cartref ei ddyrchafu drwy wasanaeth milwrol lleol o blaid y Senedd.

Yn wleidyddol, Freeman oedd y mwyaf effeithiol o'r ddau, a chafodd sedd yn Nhŷ'r Cyffredin yn Senedd 1659 lle y manteisiodd ar y cyfle i barhau â'i obsesiwn o erlid Jones a'r taenwyr. Ond yn yr un modd ag yr oedd Jones ei hun yn gynnyrch yr hinsawdd gwleidyddol drewllyd yn siroedd y gororau ym 1646, daethai Freeman yntau allan o'r un feithrinfa o chwerwedd. Er i adenydd gwleidyddol yr Harleyiaid gael eu tocio ym 1647, a'u torri ymaith yn llwyr ym mis Rhagfyr 1648, ceisient ddal gafael ar eu dylanwad yn lleol. Fel uchel stiward Henffordd, penododd Syr Robert Harley ddirprwyon tebyg iddo ef ei hun ym 1648 er mwyn datgan ei ddiddordeb gwleidyddol yn y ddinas a'r rhanbarth. Un o'r rhain oedd Edward Freeman, a gefnogwyd gan yr Harleyiaid trwy'r 1650au a'i wobrwyo ganddynt â chofiaduraeth Llanllieni, un o'r trefi a reolid ganddynt, ar ôl 1660. Wrth astudio gyrfa wleidyddol Freeman gwelwn ei fod ar bob cyfrif o bwys yn bleidiol i'r Harleyiaid, ac ar sail y dystiolaeth hon yr oedd sgandalau llygredd de Cymru yn y 1650au yn rhannol o leiaf yn rhyfel procsi, yn barhad trwy ddulliau eraill o frwydr Bresbyteraidd/Annibynnol y degawd blaenorol.

Alexander Griffith a luniodd y pennill Saesneg a welir ar ddechrau'r ysgrif hon:

Empsom and Dudley's projects were but toys,
Cranfield and Ingram only made a noise,
Micha'l Mumpesson soar'd and had a fall,
But Propagation robs our God of all.

Gwelir ei fod ef a Freeman yn gosod sgandal y 1650au yng nghyd-destun achosion enwog eraill o lygredd dan y Tuduriaid a'r Stiwartiaid, ond dadleuwyd yn yr ysgrif hon fod cyd-destun a naws llygredd gwleidyddol wedi newid yn sylweddol yn y cyfnod dan sylw. Cyn y rhyfeloedd cartref, cyfyngid y sôn am lygredd i ddigwyddiadau penodol yr oedd elfen o drais fel arfer yn perthyn iddynt. Anghydfod rhwng tylwythau a'i gilydd a fyddai'n gyfrifol am yr helyntion gan amlaf, a daethant yn hysbys trwy achosion a ddaeth gerbron y llysoedd. Prin iawn oedd y cyfleoedd yn y rhanbarthau i arfer llygredd dros gyfnod hir, ac ar lefel genedlaethol yr oedd a wnelai mwyafrif y sgandalau llygredd enwocaf ag uchel swyddogion y wladwriaeth. Newidiwyd hyn gan wleidyddiaeth y rhyfeloedd cartref; nid yn gymaint y gwrthdaro rhwng y brenin a'r Senedd, ond y cweryla chwerw rhwng y rhai a oedd mewn enw ar yr un ochr. Dan oruchwyliaeth y Senedd cychwynnodd patrwm gwahanol o ymladd carfanol ymhlith y llu pwyllgorau newydd a reolai'r rhanbarthau, a bu cwerylon o'r math hwn yn swydd Caerloyw a Henffordd yn faes ymarfer ar gyfer yr ymrafaelion eglwysig diddiwedd yng Nghymru yn y 1650au. At hynny, yr oedd y cyfrwng newydd, sef print, ar gael i'r rhai a ddymunai eu cyfiawnhau eu hunain neu ladd ar eu gwrthwynebwyr, ac effaith y dechnoleg newydd fu ehangu a pharhau'r anghydfod, gan chwalu pob gobaith am gymod. Cafodd y cylch cyhoeddus a fu unwaith mor gyfyng ei drawsnewid gan y diwylliant print. Gydag arian a modd i ddefnyddio'r gweisg argraffu yn Llundain, gallai dyn gynnal fendeta yn erbyn ei elynion gwleidyddol; bellach gellid ymladd brwydrau mewn print yn hytrach nag mewn ystafell bwyllgor. Ar un adeg bernid bod achos y taenwyr o ddiddordeb yn bennaf oherwydd yr hyn y gellid ei ddysgu am wreiddiau Anghydffurfiaeth yng Nghymru, ond erbyn hyn fe'i gwelir fel enghraifft dda o'r byd cyhoeddus ehangach ar waith. Trwy eu hymgyrch, dylanwadodd Freeman a Griffith ar ddigwyddiadau gwleidyddol, a hefyd ysbrydoli awdur mwy penderfynol fyth ar ddiwedd yr ail ganrif ar bymtheg, sef John Walker, i lunio'i adroddiad enwog am ddrwgweithredoedd gwarthus y taenwyr yn erbyn yr eglwys Anglicanaidd, sef *Sufferings of the Clergy* (1714).

Honnwyd yma mai'r dull o ddatgelu llygredd a'i gyflwyno i sylw'r llywodraeth a'r cyhoedd a newidiodd yn y cyfnod

18 Darlun o Oliver Cromwell gan yr arlunydd Robert Walker.

hwn, a gall haneswyr fesur y proses. Oherwydd y cefndir o dderbyn ffioedd, gwerthu a rhoi swyddi, gwobrwyo ag anrhegion ac yn y blaen, a fodolai yn y diwylliant hwnnw, y mae'n anodd iawn amcangyfrif hyd a lled llygredd yn y 1650au. Go brin fod y gymdeithas honno'n fwy llwgr na rhai mewn cyfnodau cynharach. Yr oedd mwy o ddirnadaeth o lygredd, yn sicr, ac yr oedd yn fanteisiol i lawer honni ei fod yn digwydd. Felly, y mae'n anodd derbyn honiad Philip Jenkins fod y dystiolaeth, hyd yn oed yn achos neilltuol Philip Jones, mor ysgubol nes ei fod yn gwbl argyhoeddiadol. Gellir priodoli rhan helaeth o fethiant y taenwyr i dlodi'r talwyr degwm yng nghefn gwlad, fel y dangosodd Vavasor Powell, a hefyd brinder staff, tiriogaeth anghysbell ac yn y blaen. Ar yr olwg gyntaf, y mae chwerwedd a hirhoedledd yr ymgyrch yn erbyn comisiynwyr y taeniad yn ymddangos braidd yn annisgwyl o gofio mor dlawd oedd yr eglwys yng Nghymru cyn, yn ystod, ac ar ôl y rhyfeloedd cartref. Fodd bynnag, yr oedd comisiwn 1650 yn fuddugoliaeth i gefnogwyr y fyddin, yn cyfiawnhau egwyddorion milflwyddol, ac yn fethiant i'r ceidwadwyr Piwritanaidd hynny a fu'n llafurio'n egnïol er mwyn ennill eneidiau'r Cymry, dim ond i weld ffrwyth eu teyrngarwch i'r achos yn cael ei gipio oddi arnynt gan grachfonheddwyr a newydd-ddyfodiaid. Efallai mai nodwedd fwyaf diddorol diwylliant swyddogol Cymreig y 1650au oedd y cyferbyniad rhwng teimladau a dyheadau mawrfrydig, aruchel a duwiol llawer o'r cyfranogwyr, a'r ymddygiad gwael ac, ar brydiau, eithaf mileinig a arferid ganddynt neu y cyhuddid hwy ohono, ar ba ochr bynnag yr oeddynt yn wleidyddol. Teg yw dweud bod profiad Cymru yn adlewyrchu dau begwn y math o ymarweddiad a nodweddai'r gymdeithas drwyddi draw yn ystod yr ail ganrif ar bymtheg: yr uchelfannau disglair ar y naill law, a'r dyfnderoedd tywyll ar y llall.

DARLLEN PELLACH

A. H. Dodd, *Studies in Stuart Wales* (ail arg., Caerdydd, 1971).

Jacqueline Eales, *Puritans and Roundheads: The Harleys of Brampton Bryan and the outbreak of the English Civil War* (Caer-grawnt, 1990).

Joel Hurstfield, *Freedom, Corruption and Government in Elizabethan England* (Llundain, 1973).

Geraint H. Jenkins, *The Foundations of Modern Wales: Wales 1642–1780* (Rhydychen, 1987).

Philip Jenkins, *A History of Modern Wales 1536–1900* (Llundain, 1992).

R. Tudur Jones, *Hanes Annibynwyr Cymru* (Abertawe, 1966).

Thomas Richards, *A History of the Puritan Movement in Wales, 1639 to 1653* (Llundain, 1920).

Stephen K. Roberts (gol.), *The Letter-Book of John Byrd, Customs Collector in South-East Wales, 1648–80* (South Wales Record Society, 1999).

Stephen K. Roberts, 'How the West Was Won: Religion, Politics and the Military in South Wales, 1642–9', *Cylchgrawn Hanes Cymru*, XXI, rhif 4 (2003).

Stephen K. Roberts, 'Propagating the Gospel in Wales: the making of the 1650 Act', *Trafodion Anrhydeddus Gymdeithas y Cymmrodorion*, cyfres newydd, IX (2004).

BRITHWAITH
O DDIWYLLIANNAU:
LLEIAFRIFOEDD ETHNIG
YN HANES CYMRU FODERN

Paul O'Leary

Ffoaduriaid o eifftiau'r cyfandir
ymysg cenhedloedd yr anialwch glo;
'roedd her eich arwahanrwydd
yn ddydd barn inni,
a ninnau â dewis gennym
groesawu neu groeshoelio'r dieithr.

'Mynwent Iddewon Merthyr'
gan Grahame Davies

Tua 1900 penderfynodd Iddew o'r enw Eli Rubens o Lithuania mai doeth fyddai ffoi gyda'i deulu rhag y trais gwrth-Iddewig a oedd mor gyffredin yn Ymerodraeth Rwsia ar ddiwedd y bedwaredd ganrif ar bymtheg. Prynodd docyn ar gyfer y fordaith hir o Hamburg yn yr Almaen i Efrog Newydd yn yr Unol Daleithiau, dinas lle y gellid ennill bywoliaeth resymol ac a oedd – yn ôl pob sôn – yn fwy diogel i Iddew. Gwaetha'r modd, fe'i twyllwyd gan werthwr y tocyn, a glaniodd yng Nghaerdydd gan gredu mai honno oedd y ddinas Americanaidd enwog. Treuliodd bythefnos cyfan yno cyn sylweddoli nad hon oedd y ddinas y tu hwnt i'r Iwerydd y gobeithiai ymgartrefu ynddi. Hawdd deall ei ddryswch. Gallai unrhyw ddieithryn a laniai yn nociau Caerdydd y pryd hwnnw fod wedi gwneud yr un camgymeriad: Caerdydd oedd un o borthladdoedd prysuraf y cyfnod, a denai forwyr a masnachwyr o bedwar ban byd i fyw a gweithio yno. Wrth gerdded ar hyd Stryd Bute clywid acenion ac ieithoedd y Dwyrain Canol, India'r Gorllewin ac amryw o wledydd cyfandir Ewrop. Yr oedd y lle yn debyg i grochan diwylliannol berwedig, yn union fel y disgrifiadau a gyrhaeddai Ewrop o fywyd byrlymus ac amlweddog Efrog Newydd. Arhosodd Eli Rubens a'i deulu yng Nghaerdydd a chyfranasant yn helaeth i gymuned Iddewig amrywiol y ddinas.

Nid Cymru oedd Caerdydd, wrth gwrs. Gwlad a chanddi wahaniaethau rhanbarthol dyfnion oedd Cymru yn y cyfnod hwnnw. Amrywiai patrwm ethnig cymunedau o'r naill ran o'r wlad i'r llall. Yr oedd y porthladdoedd yn fwy agored i ddylanwadau allanol ac yn fwy tebygol o ddenu mewnfudwyr. Yr oedd hyn yn wir am Gaergybi yn gymaint â Chasnewydd. Denid mewnfudwyr i'r mwyafrif o ardaloedd diwydiannol oherwydd yr angen cynyddol am lafurwyr i lenwi swyddi'r gweithfeydd. Ar y llaw arall, tueddai

19 Poster yn cynnig gwobr am wybodaeth er mwyn erlyn capteiniaid
llongau a oedd yn cyrchu Gwyddelod i dde Cymru, 1849.

ardaloedd gwledig i arddangos diwylliant mwy unol, ond gwelid amrywiaeth diwylliannol hyd yn oed yn y parthau hynny. Serch hynny, gwelir ym mhrofiad Caerdydd a'r porthladdoedd eraill wirionedd mwy cyffredinol, sef mai gwlad o fewnfudwyr a brithwaith o ddiwylliannau oedd Cymru am gyfnod hir yn ei hanes modern, ac erbyn dechrau'r unfed ganrif ar hugain byddai pob cornel o'r wlad yn cael ei chyffwrdd gan y proses o drawsblannu unigolion a theuluoedd o gartref cyfarwydd i gartref mabwysiedig newydd. Y mae presenoldeb pobl o wledydd eraill ac o bobl sy'n perthyn i ddiwylliannau lleiafrifol yn ddatblygiad o bwys yn hanes Cymru fodern ac yn bwnc y rhoddwyd cryn sylw iddo gan ysgolheigion yn ddiweddar.

Erbyn hyn cyfoethogwyd hanesyddiaeth ein gwlad gan sawl astudiaeth o leiafrifoedd fel y Gwyddelod, yr Iddewon a'r Eidalwyr. Ond cyfyd yr astudiaethau arbenigol hyn gwestiwn dyrys ynglŷn â sut i'w cynnwys mewn trafodaethau ehangach am hanes Cymru yn y cyfnod modern. Dyma broblem arbennig i'r hanesydd sydd am olrhain a dathlu 'cof cenedl'. Gan amlaf, nid yw grwpiau 'ethnig' yn cael eu cyfrif yn rhan o stori'r genedl gan iddynt gael eu hystyried yn bobl sy'n perthyn i genedl arall. Serch hynny, yr oeddynt yn byw yn y wlad hon a daeth niferoedd ohonynt i synio am Gymru fel eu cartref. Ystyrier, er enghraifft, achos Matthew Keating, mab i rieni Gwyddelig dosbarth gweithiol a ymgartrefodd yn Aberpennar yng Nghwm Cynon yn y 1860au ar ôl ymadael ag Iwerddon a threulio ychydig amser yn yr Unol Daleithiau. Ganed Matthew Keating ym 1869 yn un o saith plentyn a fyddai, yn eu gwahanol ffyrdd, yn dilyn gyrfaoedd llwyddiannus. Yr oedd dylanwad eu cefndir Gwyddelig yn drwm iawn arnynt. Bu'r frwydr am hunanlywodraeth i Iwerddon o ddiddordeb ysol i'r teulu a bu Keating yn weithgar iawn mewn cylchoedd cenedlgarol Gwyddelig. Mewn isetholiad ym 1909 fe'i hetholwyd yn aelod seneddol Plaid Ymreolaeth

Iwerddon dros etholaeth De Kilkenny a daliodd y sedd nes i'r ymchwydd yn y gefnogaeth i Sinn Féin ym 1918 ysgubo'r Blaid Ymreolaeth o'r tir. Yn ystod ei gyfnod fel aelod seneddol ymwelodd Keating â Chymru sawl gwaith er mwyn hybu achos Iwerddon ymhlith y Gwyddelod a drigai yma, ond Iwerddon oedd ei flaenoriaeth a chanolbwynt ei ddiddordebau. Tanlinellwyd hyn ar ôl i Iwerddon ennill ei hannibyniaeth ym 1922 pan ddaeth yn un o gyfarwyddwyr cwmni Shell yn Iwerddon. Ar un olwg, felly, yr oedd ei fagwraeth yn Aberpennar mewn cymuned o Wyddelod wedi llwyddo i'w gadw'n driw i wlad ei dadau ar draul gwlad ei febyd.

Ond nid yw'r manylion uchod yn dweud y stori gyfan am y teulu. Meddylier am achos ei frawd Joseph, a aned yn Aberpennar ym 1871. Fel Matthew, gadawodd Joseph yr ysgol yn ifanc er mwyn gweithio yn y pyllau glo, ac ar ôl ei addysgu ei hun yn fwy trylwyr yn ystod ei amser hamdden prin llwyddodd i ddianc o'r pwll drwy gael gwaith gyda phapur newydd. Cyflawnodd ei uchelgais o ysgrifennu nofelau poblogaidd a straeon byrion, rhai ohonynt yn seiliedig ar ei brofiadau yn y pyllau glo. Ailgyhoeddwyd un o'i nofelau, *Maurice: the Romance of a Welsh Coalmine*, gan ei gyhoeddwr yn Llundain ym 1910 er mwyn manteisio ar y diddordeb a grëwyd ymhlith y cyhoedd darllengar ym Mhrydain gan yr aflonyddwch ym Maes Glo De Cymru ar y pryd. Fe'i cyfrifir bellach yn un o'r awduron Eingl-Gymreig cyntaf o rengoedd y dosbarth gweithiol i ddarlunio'i gymdeithas mewn nofel. Yn ystod y 1920au fe'i hetholwyd yn gynghorydd Llafur lleol yn Aberpennar, ac yn ystod ei gyfnod fel cynrychiolydd etholedig yno brwydrodd yn ddygn i sicrhau gwell amodau byw i'r gweithwyr a'u teuluoedd.

Cawn ddarlun cofiadwy o fagwraeth Joseph Keating yn y gymuned Wyddelig ('The Barracks') yn Aberpennar yn ei hunangofiant, *My Struggle for Life*, a gyhoeddwyd ym 1916. Yn y llyfr hwn eglurodd gymhlethdodau ei hunaniaeth fel

bachgen a fagwyd mewn cymuned o alltudion Gwyddelig a
ddaeth i ystyried Cymru yn gartref iddo:

> I was entirely Irish in every way – in blood, traditions,
> sympathies, training, and temperament. I regarded
> Ireland as my country . . . Yet this bit of Wales, where I
> was born and had spent my first twenty years was so
> rooted in my Irish heart that I neither would nor could
> think of any other place on earth as my home. It
> seemed to me that the feeling of nationality had
> nothing to do with the land of birth, but was inherited
> in the blood.

Erbyn hyn yr ydym yn gwrthod ei gred gyfeiliornus y gellid
etifeddu cenedligrwydd trwy waed, ond erys ei ddisgrifiad o'i
hunaniaeth ddeuol fel Gwyddel a Chymro yn berthnasol.
Dyma ddyn a gyfrannodd yn sylweddol i'w gymdeithas ac,
yn ôl un ffynhonnell, a oedd yn medru'r Gymraeg. Hanes
tebyg sydd i'w chwaer Mary, a adwaenid fel Mrs Keating-Hill
ar ôl priodi. Yr oedd yn ymladdwraig ddygn o blaid hawliau
merched ac yn ddarlithydd gwleidyddol adnabyddus yn ne
Cymru cyn 1914. Hi oedd ysgrifenyddes cangen Caerdydd o'r
Cynghrair Rhyddid i Ferched a chafodd ei charcharu un tro
yn sgil protest o blaid hawliau gwleidyddol i ferched.
   Nid oedd y teulu Keating yn unigryw yn hyn o beth. Ceir
darlun rhyfeddol o debyg i'r hyn a nodwyd uchod yn achos
teulu Iddewig yng Nghaerdydd yng nghanol yr ugeinfed
ganrif. Cynhyrchodd y teulu Abse lenor o fri a gwleidydd
amlwg hefyd. Ar ôl ymsefydlu fel cyfreithiwr yng
Nghaerdydd, gwnaeth Leo Abse enw iddo'i hun fel aelod
seneddol Llafur dros Bont-y-pŵl. Ef oedd un o'r gwrth-
wynebwyr ffyrnicaf i ddatganoli yn y 1970au, a chafodd ei
gyhuddo droeon o chwarae ar ofnau'r etholwyr ac o fod yn
wrth-Gymreig. Meddai unwaith am ei blentyndod rhwng y
rhyfeloedd: 'In the time I was growing up, Cardiff was a city
which had very little identification with what today can be

described as Wales.' Cynnyrch teulu â'i wreiddiau yn
nwyrain Ewrop a Rwsia oedd Leo Abse, a chlywid ieithoedd
fel yr Yideg a'r Gymraeg, yn ogystal â'r Saesneg, ar yr
aelwyd. Ceir darlun difyr o fywyd y teulu mewn
hunangofiant gan ei frawd iau, y bardd Dannie Abse, sef *A
Poet in the Family* (1974). Ar ôl graddio fel meddyg,
rhannodd Dannie ei amser rhwng ei bractis meddygol yn
Llundain a'i gartref yn ne Cymru, a dengys ei farddoniaeth
fod ganddo gryn serch at Gaerdydd. Ceir yma hunaniaeth
ddeuol fel Iddew a Chymro a gwelir peth tebygrwydd
rhyngddo a'i frawd Leo yn yr ystyr fod i Lundain a Chymru
ran bwysig ym mywyd y ddau. Eto i gyd, mewn erthygl
papur newydd yn ystod y refferendwm ar ddatganoli ym
1997 datganodd Dannie Abse ei gefnogaeth ddiwyro i'r nod o
sefydlu Cynulliad etholedig yng Nghaerdydd, gweithred a
fwriadwyd, o bosib, i wneud iawn am wrthwynebiad ei
frawd hŷn ymron ugain mlynedd ynghynt. Unwaith yn
rhagor, felly, gellir canfod mwy nag un safbwynt gwleidyddol
a mwy nag un agwedd at Gymreictod o fewn yr un teulu.

Gellir yn hawdd enwi mewnfudwyr neu ddisgynyddion i
fewnfudwyr a gyfrannodd yn sylweddol at fywyd cyhoeddus
yng Nghymru, ac mewn rhai achosion a goleddai'r iaith
Gymraeg yn ogystal. Ym myd gwleidyddiaeth ceir pobl mor
amrywiol eu daliadau â Paul Flynn, Tony Schiavone, Paul
Murphy a Leo Abse, rhai ohonynt yn frwd dros y Gymraeg
ac eraill yn llugoer neu yn elyniaethus. Ym myd y
celfyddydau ceir unigolion blaenllaw megis yr arlunydd
David Carpanini a'r bardd Dannie Abse. Y mae nofel
ddiweddar yr awdur Trezza Azzopardi, *The Hiding Place*
(2000), yn tynnu ar brofiadau ei theulu o Falta yn nociau'r
brifddinas, a seiliodd Bernice Rubens (merch yr Eli Rubens o
Lithuania y soniwyd amdano ar ddechrau'r ysgrif hon) sawl
nofel ar ei magwraeth yn ne Cymru, er nad ystyrir hi fel
arfer yn nofelydd 'Eingl-Gymreig'. Ym myd crefydd
cyfrannodd yr Esgob Daniel Mullins yn fawr at hyrwyddo

achos yr iaith Gymraeg yn yr Eglwys Gatholig ac, er mai Gwyddeleg yw ei iaith gyntaf, penderfynodd aros yng Nghymru ar ôl ei ymddeoliad fel esgob gan mai'r Cymry bellach yw ei 'deulu'. Ym maes gwyddoniaeth, Brian D. Josephson, gŵr o gefndir Iddewig yn ne Cymru, oedd enillydd y gyntaf o'r ddwy wobr Nobel i'w dyfarnu i Gymry; enillodd y wobr am Ffiseg ym 1973 am astudiaeth arloesol o ffenomen a elwir bellach yn 'effeithiau Josephson'.

Gwnaethpwyd cyfraniad nodedig i fyd chwaraeon gan aelodau o leiafrifoedd ethnig. Y mae chwaraewyr rygbi dawnus fel Nigel Walker, Colin Charvis, Robert Sidoli a Chris Czekaj wedi gwisgo crys coch eu gwlad gyda balchder. Ni olyga hyn fod byd y bêl hirgron wedi bod yn rhydd o hiliaeth yn y gorffennol ac, yn wir, araf iawn fu'r Undeb Rygbi i ymwrthod ag agweddau afiach at bobl dduon. Yn y blynyddoedd ar ôl yr Ail Ryfel Byd cafodd sawl chwaraewr du dawnus ei gynghori'n breifat na fyddai'n cael ei ddewis i gynrychioli Cymru, gan beri iddynt ddilyn gyrfa broffesiynol yn chwarae rygbi'r Gynghrair yng ngogledd Lloegr. Yr amlycaf ohonynt oedd Billy Boston. Fe'i ganed yng Nghaerdydd i rieni o India'r Gorllewin ac Iwerddon a'i uchelgais oedd chwarae criced dros Forgannwg a chynrychioli Cymru ar y maes rygbi. Ef oedd un o'r olwyr mwyaf talentog a welodd y gêm erioed, a bu'n gapten ar dîm ysgolion Cymru. Fodd bynnag, rhoddwyd ar ddeall iddo na fyddai'n profi'r un llwyddiant fel chwaraewr hŷn. O ganlyniad, symudodd i glwb Wigan am y ffi sylweddol (yn ôl safonau'r 1950au) o £3,000. Profodd lwyddiant ysgubol yno, gan sgorio 571 o geisiau mewn 564 o gêmau – record heb ei ail yn hanes rygbi'r Gynghrair. Go brin fod hanes rygbi yng ngogledd Lloegr yn rhydd o hiliaeth, ond cafodd chwaraewyr duon fwy o groeso yno nag yn rygbi'r Undeb. Dilynwyd Boston gan chwaraewyr duon eraill o dde Cymru, megis Colin Dixon a Clive Sullivan, dau a enilloedd anrhydeddau rhyngwladol yn ystod eu gyrfaoedd. Bu Sullivan yn gapten ar dîm Prydain Fawr ym

1972, uchafbwynt dyheadau unrhyw chwaraewr Cymreig, oherwydd gwendid rygbi'r Gynghrair yng Nghymru. Dim ond yn ystod y 1970au a'r 1980au y dechreuwyd ysgubo ymaith hiliaeth o ddiwylliant rygbi Cymru. Mark Brown o Gasnewydd oedd y chwaraewr du cyntaf i chwarae rygbi dros Gymru. Ym 1983 yr oedd hynny, ac fe'i dilynwyd gan Glenn Webbe, Nigel Walker ac eraill.

Achubodd tîm pêl-droed Cymru y blaen ar rygbi trwy ddewis y chwaraewr du cyntaf i gynrychioli unrhyw un o dimau pêl-droed cenedlaethol Ynysoedd Prydain. Ar 5 Rhagfyr 1931 – dyddiad i'w gofio ymhlith pobl dduon Prydain – chwaraeodd Eddie Parris o Gas-gwent dros Gymru yn erbyn Iwerddon. Fodd bynnag, ni ellir cyfrif ei ymddangosiad yn y crys coch yn fynegiant digamsyniol o agwedd fwy rhyddfrydol byd y bêl gron. Fel arfer, byddai Parris yn chwarae dros Bradford Park Avenue, tîm yn yr ail adran, ac fe'i dewiswyd i chwarae dros Gymru oherwydd fod clybiau Seisnig yr adran gyntaf yn gwrthod rhyddhau eu chwaraewyr Cymreig. Hwn fu ei unig ymddangosiad dros ei wlad.

Felly, arwyddocâd symbolaidd yn unig sy'n perthyn i ymddangosiad Eddie Parris yn nhîm Cymru ym 1931. Fel yng ngweddill Prydain, aeth deugain mlynedd arall heibio cyn i chwaraewyr du gael eu derbyn ar feysydd pêl-droed ar yr un telerau â chwaraewyr gwyn, a hyd yn oed wedyn caent eu trin yn warthus gan rai cefnogwyr. Bellach, y mae'r sefyllfa yn iachach o lawer. Ymddengys bod Ryan Giggs – er yn berson 'gwyn' ei ymddangosiad – yn falch o'i wreiddiau teuluol yng nghymuned ddu Butetown yng Nghaerdydd, ac nid yw'r ffaith iddo gael ei fagu yn Lloegr wedi ei rwystro rhag chwarae dros Gymru, er gwaethaf y cyfleoedd a gafodd i ymuno â charfan Lloegr pan oedd yn ŵr ifanc. Daeth chwaraewyr duon megis Danny Gabbidon a Robert Earnshaw yn arwyr i genhedlaeth newydd o gefnogwyr ifainc sydd o'r farn nad yw lliw croen yn berthnasol i lwyddiant ar y maes chwarae.

20 Ryan Giggs, asgellwr Manchester United a Chymru.

Disgleiriodd pobl o blith lleiafrifoedd ethnig fel bocswyr hefyd. Yn wir, cawsant fwy o lwyddiant at ei gilydd na'r rhai a oedd yn perthyn i dimau. Ganed y bocsiwr byd-enwog 'Peerless' Jim Driscoll ym 1880 mewn cymuned Wyddelig yng Nghaerdydd a adwaenid gan gyfoedion fel 'Little Ireland'. Enillodd bencampwriaeth pwysau plu Cymru ym 1901, ac aeth ymlaen i ennill pencampwriaethau Prydain a'r Ymerodraeth cyn cael ei gydnabod yn answyddogol fel pencampwr y byd ym 1909. Ar ôl taith lwyddiannus i'r Unol Daleithiau, pan lwyddodd i drechu pencampwr swyddogol y byd, fe'i croesawyd yn ôl i Gymru fel 'Tywysog Cymru'. Pan fu Driscoll farw ym 1925 caewyd siopau Caerdydd ar ddiwrnod ei angladd fel arwydd o barch, ac ymddangosodd tua chan mil o bobl ar y strydoedd i dalu teyrnged iddo. Hwn oedd yr angladd mwyaf o dipyn yn hanes Cymru, ac fe'i trefnwyd ar ffurf un o angladdau swyddogol y wladwriaeth. Cafwyd gorymdaith hir drwy strydoedd y ddinas, gorchuddiwyd yr arch â baner ac fe'i cariwyd gan filwyr y Catrawd Cymreig. Ffilmiwyd yr achlysur gan gwmni newyddion Pathé. Driscoll oedd y cyntaf mewn olyniaeth o focswyr o gefndir cyffelyb i wneud ei farc. Ymhlith y rhai mwy diweddar gellir crybwyll Joe Erskine (bocsiwr nad yw pawb yn sylweddoli ei fod yn hanu o dras 'ddu'), Steve Robinson a Joe Calzaghe.

Hawdd fyddai amlhau enghreifftiau o unigolion tebyg mewn cylchoedd eraill, megis yr athletwr o fri Colin Jackson (y Cymro cyflymaf erioed), y cantorion Shirley Bassey a Dennis O'Neill, a'r actor Victor Spinetti. Y mae'r weithred syml o enwi pobl fel hyn a chydnabod eu cyfraniad i fywyd eu gwlad yn her ynddo'i hun i unrhyw ymgais i ysgrifennu hanes unllygeidiog nad yw'n cydnabod lluosogaeth ddiwylliannol y wlad. Fel y dywedodd yr hanesydd Dai Smith, 'Enw unigol ond profiad lluosog yw Cymru.'

Nid oedd cof ysgrifenedig cenedl y Cymry yn ddigon ystwyth i gynnwys pobl fel y rhai a enwyd uchod tan yn ddiweddar iawn. Deillia cryn dipyn o'r broblem yn y cyfeiriad hwn o'r drafodaeth ffurfiannol am Gymreictod modern a grëwyd yng nghanol y bedwaredd ganrif ar bymtheg. Y prif ddylanwad ar y fersiwn o hunaniaeth genedlaethol a luniwyd yn y cyfnod hwnnw oedd y ddadl am gymeriad a moesoldeb y Cymry a ysbardunwyd gan adroddiad y Llyfrau Gleision ar addysg ym 1847. Priodolir llawer o gymhlethdodau Cymry oes Victoria i'r digwyddiad dirdynnol hwnnw. O safbwynt yr ysgrif hon, yr hyn sydd fwyaf arwyddocaol ynghylch ymateb y Cymry i gyhuddiadau awduron yr adroddiadau am anfoesoldeb honedig y bobl yw'r modd y daethpwyd i ymosod ar elynion *mewnol* yn hytrach na chodi'r cwestiwn pigog o'r berthynas rhwng Cymru a Lloegr. Beirniadwyd awduron yr adroddiadau – tri Sais – yn hallt oherwydd iddynt gamliwio cymeriad y bobl, ond wrth i'r ddadl boethi ymosododd llefarwyr Ymneilltuol fwyfwy ar ddau elyn: offeiriaid eglwysig yng Nghymru a mewnfudwyr. Dyma un o ganlyniadau anffodus y duedd i gyfeirio at Gymru fel 'cenedl o Ymneilltuwyr'. Er bod yr ymosodiadau ar Eglwys Loegr yn herio sefydliad grymus, yr oedd pwyslais Ymneilltuaeth ar gymeriad da y bobl yn golygu nad oedd modd cydnabod y gallasai rhai Cymry fod yn euog o dor-cyfraith neu feddwi, heb sôn am arferion rhywiol annerbyniol. Felly, gan ei bod hi'n amlwg fod y 'pechodau' hyn yn digwydd yng Nghymru, yr oedd rhaid beio rhywun arall amdanynt.

Yn ogystal â'r datblygiad hwn, crëwyd rhaniad ym meddwl nifer fawr o sylwebyddion dylanwadol rhwng y 'gwir' Gymru wledig yn y gorllewin a'r gogledd a'r Gymru drefol, ddiwydiannol a oedd yn prysur fwrw gwreiddiau yn y de-ddwyrain. Yn ôl arwyr y Gymru Ymneilltuol, gwŷr megis Henry Richard, nid oedd y gymdeithas drefol, ddiwydiannol yn haeddu cael ei hystyried yn rhan o Gymru o gwbl. Yr oedd gormod o Saeson a Gwyddelod yn byw yn y rhannau hynny o'r wlad, yn enwedig siroedd Mynwy a

Morgannwg, a hwy, yn nhyb Richard ac eraill, oedd yn gyfrifol am y rhan fwyaf o'r troseddu a'r anfoesoldeb a ddigwyddai yno. Oherwydd hynny, câi enw parchus Cymru fel gwlad o bobl lonydd, deyrngar a chrefyddol ei bardduo. Gwelir yr agwedd hon ar ei chliriaf yn y dehongliad cyfeiliornus o Siartiaeth a ddaethai'n rhan annatod o hanes 'swyddogol' y wlad yn ystod ail hanner y bedwaredd ganrif ar bymtheg. Honnwyd mai dylanwadau allanol a fu'n gyfrifol am ledu syniadau peryglus y Siartwyr. Saeson a Gwyddelod oedd yn bennaf cyfrifol, os nad yn gyfan gwbl gyfrifol, am yr ymosodiad arfog ar Gasnewydd ar 4 Tachwedd 1839. Ailadroddwyd hyn hyd syrffed yn y wasg ac mewn llyfrau a phamffledi poblogaidd. Byddai cydnabod mai Cymry – a Chymry Cymraeg – oedd mwyafrif y Siartwyr a heidiodd i Gasnewydd, gyda'u picellau a'u gynnau yn barod i lansio gwrthryfel, wedi darparu propaganda gwerthfawr iawn i elynion yr enwadau.

Daeth y sylwebyddion mwyaf llafar (gan gynnwys nifer cynyddol o wleidyddion) i feddwl am Gymreictod fel mynegiant o Ymneilltuaeth, sef crefydd a diwylliant arbennig a oedd yn eiddo i rai Cymry yn unig ac a oedd yn cau allan mewnfudwyr neu leiafrifoedd. Dyma fersiwn o genedligrwydd a oedd yn gwrthod hawl cyfran sylweddol o boblogaeth y wlad i fod yn rhan o'r genedl. Gwir y dywedodd y diweddar Athro Gwyn A. Williams fod cryn dipyn o'r hanes a ysgrifennwyd cyn y 1960au yn 'hanes Cymru heb y Cymry'. Yn sicr, ni lwyddwyd i greu diffiniad sifig o genedligrwydd yn y bedwaredd ganrif ar bymtheg a allai fod wedi profi'n sylfaen ar gyfer hunaniaeth fwy cynhwysol. Yn hytrach, bathwyd delwedd ethnig o Gymreictod ar lun ymgyrch foesol yn erbyn grwpiau a oedd yn wahanol eu crefydd a'u diwylliant ac a ystyrid yn fygythiad i foesoldeb ac enw da y Cymry Ymneilltuol.

Rhaid cofio nad oedd y Cymry yng nghanol y bedwaredd ganrif ar bymtheg yn rhoi pris o unrhyw fath ar berthyn i gyff Celtaidd. Er i rai ysgolheigion ddod i'r casgliad bod tebygrwydd ieithyddol yn bodoli rhwng y gwledydd Celtaidd, a bod y gwledydd hynny'n perthyn i grŵp neilltuol, ni lwyddodd y syniad i wreiddio yn ymwybyddiaeth y mwyafrif llethol o'r bobl tan yn ddiweddarach. Crefydd oedd y maen prawf pwysicaf. O ganlyniad, ni chyfrifid y Gwyddelod yn gyd-Geltiaid ac ni chroesawyd eu dyfodiad i Gymru. Rhaid oedd meithrin y syniad fod gan y gwledydd Celtaidd fwy o elfennau a oedd yn eu clymu ynghyd nag a oedd yn eu gwahanu. Y pryd hwnnw tybid y gallai Cymru ymuniaethu'n well â gwledydd Protestannaidd eraill megis Lloegr nag â gwledydd a chanddynt fwyafrif Pabyddol megis Iwerddon. Anodd oedd newid y meddylfryd hwnnw ac ni ddechreuwyd gwneud hynny tan ddiwedd y 1860au.

Ym 1863 cyhoeddwyd erthygl arwyddocaol a ddangosai fod agweddau at y Gwyddelod ar fin newid. Yn ôl Gwentwyson, a ysgrifennai yn *Y Cronicl*, dylai'r Cymry ymatal rhag gwawdio a dirmygu'r mewnfudwyr o Iwerddon. Rhan o'i reswm dros hyrwyddo'r safbwynt newydd hwn oedd ei ddirnadaeth o'r berthynas ormesol rhwng Prydain ac Iwerddon. Honnodd nad gormodiaith oedd dweud mai '*negroaid caethwasiol* Lloegr ydyw y Gwyddelod'. Er bod y ddwy genedl yn perthyn i'r un gwreiddyn Celtaidd, meddai, yr oedd Rhagluniaeth wedi gwenu'n fwy ffafriol ar y Cymry. Eto i gyd, rhaid cofio mai eithriad oedd Gwentwyson pan leisiodd y farn hon ar gychwyn y 1860au, a phur anghyffredin oedd safbwynt o'r math hwnnw ar y pryd. A hyd yn oed yn ei achos ef, crefydd oedd maen prawf gwareiddiad. 'Gwrthddrychau o dosturi' i'w dyrchafu i oleuni yr efengyl Brotestannaidd oedd y Gwyddelod, yn ôl Gwentwyson, a chanodd glodydd 'yr hyglod Ieuan Gwynedd', y gweinidog Annibynnol a fu'n weithgar yn Nhredegar yn y 1840au, am gasglu plant Gwyddelig o'r strydoedd a'u hebrwng i'r ysgol Sul. Meddai: 'O na fyddai

llawer eto o'r un ysbryd ag ef i'w cael ar hyd gweithfeydd
Gwent a Morgannwg, lle y mae cynnifer o blant tlodion
Hibernia [Iwerddon] yn marw mewn ystyr o eisiau
gwybodaeth.' Dengys yr erthygl eithriadol hon fod agwedd
newydd at Iwerddon yn brigo, datblygiad a fyddai'n dod i'w
lawn dwf yn ystod y dadleuon ffyrnig am hunanlywodraeth
i Iwerddon yng nghanol y 1880au. Ond yn y 1860au dim ond
hyn a hyn o gydymdeimlad a oedd gan y Cymry â'r
Gwyddelod, a phennid y ffiniau hynny gan enwadaeth.
Dyna'r union derfynau a oedd yn pennu ffiniau Cymreictod
i lawer o gyfoedion hefyd.

Yn achos y Gwyddelod ni chafwyd tro ar fyd hyd nes i'r
eglwys sefydledig yn Iwerddon gael ei datgysylltu ym 1869.
Cafwyd cryn gefnogaeth ymhlith Ymneilltuwyr Cymru i'r
mesur hwn oherwydd sylweddolwyd ei fod yn creu cynsail
gwerthfawr ar gyfer triniaeth gyffelyb i Gymru yn y dyfodol.
Bellach, rhaid oedd dadlau bod datgysylltiad yn fendith i
Iwerddon a bod gan y wlad honno wersi i'w dysgu i'r Cymry.
O dipyn i beth blodeuodd agwedd fwy cadarnhaol at yr Ynys
Werdd. A radicaliaid ifainc fel Tom Ellis, AS Meirionnydd o
1886 ymlaen, yn hyrwyddo achos hunanlywodraeth i
Iwerddon, crëwyd cyfleoedd newydd i'r Gwyddelod a drigai
yng Nghymru i gymryd rhan ym mywyd cyhoeddus y wlad.
O'r 1880au, felly, y gellir dyddio cychwyn y proses o
integreiddio'r Gwyddelod i fywyd Cymru.

Dengys esiampl y Gwyddelod fod angen mentro y tu
hwnt i'r meddylfryd caethiwus am Gymreictod a grëwyd
gan y dadleuon a ddeilliodd o helynt y Llyfrau Gleision. O
wneud hynny, gwelir bod modd olrhain ffyrdd pur wahanol
o synio am y berthynas rhwng lleiafrifoedd a'r diwylliant
mwyafrifol. Yn gyntaf, golyga roi cyfrif am y trais a
ddefnyddiwyd yn erbyn lleiafrifoedd, yn ogystal â chanmol
yr enghreifftiau o oddefgarwch a gafwyd. Yn ail, rhaid
ystyried yma mha ffyrdd yr oedd diwylliannau lleiafrifol yn
wahanol, yn hytrach na dibynnu ar ystrydebau hen ffasiwn.

Ac yn drydydd, rhaid cofio nad oedd lleiafrifoedd yn aros yn ddigyfnewid mewn cyfnod o newid economaidd a chymdeithasol cyflym. Trwy olrhain y newidiadau hyn ym mywyd lleiafrifoedd gwelwn sut y newidiodd eu perthynas â'r gymdeithas o'u cwmpas dros gyfnod o amser. Digwyddodd y proses o integreiddio dros gyfnod hir, gan arwain weithiau at ddiflaniad diwylliant lleiafrifol ac, mewn achosion eraill, at ailddiffinio hunaniaeth y lleiafrif. O ystyried y tri hyn – gwrthdaro, gwahaniaethau diwylliannol ac integreiddio – gellir dirnad yn well y berthynas drofaus rhwng grwpiau lleiafrifol a'r gymdeithas Gymreig.

Yn ystod ail hanner yr ugeinfed ganrif datblygodd y gred mai gwlad oddefgar a chroesawgar fu Cymru trwy gydol ei hanes modern. Honnwyd na phrofwyd ynddi y math o dyndra a chasineb a welwyd mewn perthynas â grwpiau lleiafrifol mewn rhannau eraill o Brydain. Fodd bynnag, yn y 1980au dechreuodd to newydd o haneswyr ddryllio'r ddelwedd hunanfoddhaus hon drwy ymchwilio i'r erlid a fu ar bobl dduon, y Gwyddelod, yr Iddewon a'r Tsieineaid. Cododd y math hwn o ymchwil gwestiynau annifyr ynghylch y traddodiadau o brotestio a fawrygid gan haneswyr radical eu hanian yn y gorffennol. Dangosodd Louise Miskell, er enghraifft, fod trais gwrth-Wyddelig yn rhan o *repertoire* terfysglyd Cymru'r bedwaredd ganrif ar bymtheg, a bod iddo'r un gwreiddiau â gweithredoedd mudiad Beca a'r Teirw Scotch. Yr oeddynt yn perthyn i'r un traddodiad o 'amddiffyn y gymuned'. Er bod tuedd gan haneswyr i drin protest gymunedol megis 'y ceffyl pren' a therfysgoedd Beca fel agweddau anrhydeddus ar ein hanes ac i ystyried terfysgoedd yn erbyn lleiafrifoedd yn agwedd negyddol, dengys Miskell fod y ddau yn perthyn i'r un dulliau o weithredu ac i'r un traddodiad o amddiffyn y 'gymuned'.

Rhwng 1826 a 1882 cafwyd ugain terfysg yn erbyn Gwyddelod a oedd yn byw yng Nghymru. Er bod maes glo gorllewin sir Fynwy yn un o'r mannau lle y bu cryn wrthdaro rhwng y Cymry a'r Gwyddelod, cafwyd terfysgoedd o'r fath ledled Cymru yn y cyfnod hwnnw. Bu rhai trefi neu bentrefi yn arbennig o anghroesawus i fewnfudwyr ar adegau arbennig. Gweithwyr o Iwerddon oedd targed torf ddicllon yn Rhymni ym 1825, y gyntaf mewn cyfres o weithredoedd treisgar. At ei gilydd, cwynion economaidd yn hytrach na chasineb crefyddol a oedd wrth wraidd y tyndra hwn, er bod tyndra crefyddol hefyd yn bresennol yn y terfysg a ddigwyddodd yng Nghaerdydd ym 1848. Cafwyd terfysg yn erbyn gweithwyr Gwyddelig ar y rheilffordd ger Penmaen-mawr ym 1846, a gwelwyd digwyddiad tebyg ym mhorthladd Caergybi ym 1851. Bu'n rhaid galw ar filwyr a'r llynges i adfer trefn ar y ddau achlysur hyn. Yr oedd cysylltiad clòs rhwng dulliau traddodiadol o brotestio yng nghefn gwlad Cymru a therfysgoedd yn erbyn mewnfudwyr yn yr ardaloedd diwydiannol. Dull o ddisgyblu unigolion am dorri rheolau anysgrifenedig y gymuned trwy ddwyn gwarth ar eu pennau yn gyhoeddus oedd arferion fel y 'ceffyl pren' yn y cefn gwlad, ac mewn rhai achosion gorfodwyd unigolion i ymadael â bro eu mebyd oherwydd difrifoldeb y camwri. Estyniad o'r arfer hon yn y gymdeithas ddiwyd-iannol oedd y Teirw Scotch yng nghymoedd gorllewinol sir Fynwy yn y 1820au a'r 1830au. Defnyddid yr un math o ddulliau â'r 'ceffyl pren' i ymosod ar 'elynion y gymuned', grŵp a oedd yn cynnwys ystod eang o bobl; yn eu plith yr oedd mewnfudwyr.

Bu'r blynyddoedd rhwng 1911 a 1919 yn arbennig o ofidus i leiafrifoedd. Ym 1911, yng nghanol 'yr Aflonyddwch Mawr', bu terfysgoedd yn erbyn yr Iddewon a drigai yn Nhredegar, yr unig esiampl o derfysg gwrth-Iddewig ym Mhrydain ers yr Oesoedd Canol. Deil Yr Athro W. D. Rubinstein nad digwyddiad gwrth-Iddewig oedd hwn gan i'r dorf ymosod ar bobl eraill yn ogystal ag Iddewon, ond dengys y dystiolaeth mai'r Iddewon oedd y prif darged ac, felly, ni dderbynnir ei ddehongliad ef gan haneswyr eraill. Yn ogystal â'r dystiolaeth am 1911 ei hun, y mae'n werth cofio na chafodd lleiafrifoedd ethnig eraill ychwaith groeso yn Nhredegar cyn hynny. Ym 1882 profodd y dref un o derfysgoedd gwrth-Wyddelig mwyaf atgas y ganrif. Bu cof y gymuned amdano mor iraidd nes i rai bobl nad oedd wedi eu geni ym 1882 dyngu ei fod wedi digwydd yn ystod eu plentyndod. At hynny, ceir tystiolaeth o gyfnod diwedd- arach sy'n awgrymu bod gwrthwynebiad i leiafrifoedd yn rhan o wead y gymdeithas yn ardal Tredegar: rhwng y rhyfeloedd bu'n rhaid i Arthur Horner, arweinydd undeb y glowyr, ddefnyddio ei ddylanwad i chwalu teimladau gwrth-Iddewig yn yr ardal honno.

Nid yr Iddewon oedd yr unig leiafrif i ddioddef ym 1911. Manteisiwyd ar amgylchiadau eithriadol 'Streic Cyffredinol' Caerdydd y flwyddyn honno i ymosod ar siopau a oedd yn perthyn i Tsieineaid y ddinas. Deilliodd y trais yn rhannol o adroddiadau papurau newydd lleol a oedd yn cyfeirio at y Tsieineaid fel y 'Perygl Melyn'. Yr oedd hyn yn gwbl unol â syniadau hiliol poblogaidd cyfnod pan oedd y gefnogaeth i'r Ymerodraeth yn ei anterth ac agweddau at bobl o liw gwahanol yn gwbl negyddol. Cafwyd gwrthwynebiad i'r Tsieineaid mewn rhannau eraill o Brydain hefyd ym 1911, ond dim ond yng Nghaerdydd y bu terfysg yn eu herbyn. Fel yn achos yr Iddewon ym 1911, yr oedd dwyster y gwrthwynebiad i leiafrifoedd yn eithriadol.

Cafwyd terfysgoedd hiliol gwaethaf yr ugeinfed ganrif ym 1919. Mynegiant oedd hwn o'r tyndra hiliol a fodolai yn y porthladdoedd ar y naill ochr a'r lall i'r Iwerydd ar ôl y Rhyfel Byd Cyntaf. Nid oedd de Cymru yn eithriad. Ymosodwyd ar forwyr o wledydd megis India'r Gorllewin a'r Yemen yn Y Barri, Casnewydd a Chaerdydd gan weithwyr a oedd yn dychwelyd o'r rhyfel. Yr oedd y cymunedau o bobl dduon yn ne Cymru wedi cynyddu o ran maint yn ystod y rhyfel oherwydd prinder morwyr masnachol yn y rhanbarth,

21 Morwyr o Siapan yn nociau Caerdydd, 1902.

a phan ddychwelodd y morwyr gwynion adref mynnent ailafael yn eu hen swyddi. At ei gilydd, digwyddodd hynny'n ddidrafferth. Y gwir yw bod nifer o resymau am y terfysgoedd, gan gynnwys y gred gyfeiliornus fod morwyr duon wedi elwa o'r rhyfel ac wedi 'dwyn' merched gwynion. Elfen amlwg o'r terfysgoedd oedd y gred bod y gymuned ddu wedi ehangu ac ymestyn o'i phriod le yn y dociau i ardaloedd eraill y ddinas ac y dylid ei gwthio hi'n ôl.

Wrth astudio gwrthdaro ethnig, canolbwyntiodd haneswyr ar derfysgoedd yn rhannol oherwydd eu bod yn ddigwyddiadau dramatig sy'n datgelu agwedd ddigamsyniol at leiafrif, ac yn rhannol oherwydd eu bod yn darparu tystiolaeth sylweddol am y berthynas gyffredinol rhwng grwpiau gwahanol. Er bod yr hyn a amlygir yn ystod terfysgoedd yn eithriadol (wedi'r cwbl, nid digwyddiad beunyddiol oedd terfysg), ceir tystiolaeth am sefyllfaoedd mwy 'normal' hefyd. Rhaid cofio nad gweithgarwch gan garfanau o ddihirod meddw oedd y terfysgoedd hyn – er bod rhai pobl felly yn ymuno â hwy, mae'n siŵr. Yn hytrach, ystyrid gweithredoedd yn erbyn lleiafrifoedd ethnig yn fynegiant o farn y gymuned. Yr oedd hyn yn wir am derfysgoedd gwrth-Iddewig Tredegar ym 1911. Fel y dangosodd Neil Evans yn ei astudiaeth o drais yn erbyn grwpiau ethnig yn hanes Cymru fodern, ni newidiodd y sefyllfa hon tan y 1920au. Dim ond oddi ar hynny y daethpwyd i gredu nad oedd trais yn erbyn lleiafrifoedd yn fynegiant o ddymuniadau'r gymuned. Digwyddodd y newid hwn yn sgil dirywiad yr hen draddodiad o weithredu cymunedol a ddeilliai o'r gymdeithas gynddiwydiannol. O ganlyniad, o'r 1920au ymlaen byddai'r sawl a ddefnyddiai drais yn erbyn lleiafrifoedd yn destun collfarn rhagor na chlod.

Nid oedd pob grŵp yn denu ymateb treisgar. Er enghraifft, nid oedd yr Eidalwyr, a sefydlodd y caffis enwog (y 'Bracchis'), a'r Sbaenwyr, a ddaeth i dde Cymru yn sgil cysylltiadau'r diwydiant dur â Bilbao, yn cael eu hystyried yn fygythiad i swyddi'r Cymry. Ond ar drothwy'r Rhyfel Byd Cyntaf dechreuodd rhai pobl eu beio am bob math o broblemau cymdeithasol. Tua diwedd 1913, er enghraifft, dechreuodd Cyngor Eglwys Rydd Aberdâr boeni ynghylch y duedd gynyddol yn y dref i amharchu'r Saboth. Ymddengys mai bandiau yn chwarae yn y parc, tramiau yn rhedeg, cyhoeddi papurau newydd ac agor siopau ar y Sul a oedd yn peri anesmwythyd. Yn ôl y Parchedig Cynog Williams, yr Eidalwyr a oedd yn bennaf cyfrifol am agor siopau:

> . . . it was too bad for Italians to come to our country, defy our customs and open their shops and make fortunes on our backs . . . the shops of the Italians and other foreigners and Infidels and pagans . . . were moral and consumptive cesspools . . . Respect for the Sabbath had made Wales the land of the white gloves, and here we were allowing Italians to come and damn our people.

Beirniadwyd sylwadau Williams yn ffyrnig gan y sosialydd Wil John Edwards, ond yr oedd yn gwbl amlwg fod rhai yn dal i dybio mai mewnfudwyr a oedd yn gyfrifol am y newid cymdeithasol a oedd yn digwydd yn eu cymuned. Ond y ffaith amdani yw fod llawer o'r Cymry yn troi eu cefn ar arferion y Sul traddodiadol ac yr oedd yr Eidalwyr yn darparu ar eu cyfer. Serch hynny, haws oedd beio'r mewnfudwyr na wynebu'r ffaith bod ymddygiad y Cymry eu hunain yn newid.

Cafwyd datblygiad cyffelyb yn achos y Sbaenwyr a ddaeth i fyw i Ddowlais ac Aber-craf tua throad y ganrif. Cawsant eu croesawu ar y cychwyn fel cydweithwyr a chyd-undebwyr, ond erbyn 1913 clywid cwynion eu bod yn dwyn swyddi pobl leol. Cynhaliwyd cyfarfodydd yn galw am gael gwared â'r Sbaenwyr a rhygnodd y mater hwn ymlaen hyd at y Rhyfel Byd Cyntaf. Wedi hynny, pallodd y cof am yr helynt.

Felly, yr oedd yr ymatebion gwahanol i leiafrifoedd unigol yn ddibynnol ar gymeriad cymdeithasol y lleiafrif, maint y mewnlifiad (yn achos mewnfudwyr) ac amseriad a chyddestun y digwyddiad ei hun. Bu'r gwrthwynebiad i'r Gwyddelod yng nghanol y bedwaredd ganrif ar bymtheg yn ffyrnig, ond closiwyd atynt ymhen amser. Gan na fu'r Iddewon a'r Eidalwyr yn cystadlu'n uniongyrchol yn erbyn y Cymry am swyddi, fe'u derbyniwyd yn weddol rwydd. Yr unig eithriadau yw terfysg Tredegar ym 1911 ac ambell enghraifft o drais byrhoedlog yn erbyn Eidalwyr yn ystod yr Ail Ryfel Byd. Ar ôl rhywfaint o anesmwythyd cyn y Rhyfel Byd Cyntaf, daethpwyd i feddwl am y Sbaenwyr yn ne Cymru fel aelodau clodwiw o'r mudiad llafur, yn enwedig ar ôl y rhyfel cartref yn Sbaen yn y 1930au.

O ddiwedd y ddeunawfed ganrif ymlaen, ac yn enwedig yn ystod y ganrif ddilynol, sefydlodd y lleiafrifoedd ethnig yng Nghymru eu haddoldai a'u cymdeithasau eu hunain. Mor gynnar â 1768 yng Nghymru agorwyd y fynwent gyntaf ar gyfer Iddewon yn Abertawe, a datblygodd cymuned Iddewig fechan ond bywiog yn y dref o hynny ymlaen. Lledodd y gymuned Iddewig i fannau eraill ar hyd arfordir de Cymru ac ymlaen i Ferthyr a phentrefi llai y maes glo. Crefydd oedd y nodwedd amlycaf a'u gwahaniaethai oddi wrth weddill y boblogaeth, ond yr oedd y ffaith eu bod wedi eu crynhoi mewn ardaloedd gwaith arbennig yn bwysig hefyd. Yr oeddynt yn bacmyn ac yn bedleriaid (megis y cymeriad Solomon yn y ffilm *Solomon a Gaenor*), ac yn berchenogion siopau (yn enwedig siopau gwystlo), cyn esgyn yn ddiweddarach i rengoedd y proffesiynau. Cymathu mor drylwyr â phosibl, ond heb ymwrthod â'u crefydd, oedd nod y bobl hyn. Serch hynny, nid grŵp monolithig mo'r Iddewon. Gwelwyd hyn yn eglur iawn ar ddiwedd y bedwaredd ganrif ar bymtheg pan fudodd degau o filoedd o Iddewon o Ymerodraeth Rwsia i Brydain yn sgil y *pogroms* erchyll a ddigwyddodd yno. Diwylliant Iddewig cwbl

wahanol oedd eiddo'r bobl hyn: mynnent siarad Yideg a
glynu wrth arferion cymdeithasol a chrefyddol bywiog eu
cymunedau yn nwyrain Ewrop yn hytrach na dilyn arfer yr
Iddewon Prydeinig sefydlog o fod yn aelodau anweledig o'r
gymdeithas.

   Ceid rhaniadau yn rhengoedd y Gwyddelod hefyd. Yn eu
hachos hwy, bu profiad y miloedd o ffoaduriaid a
ddihangodd rhag y Newyn Mawr yn y 1840au, gan gyrraedd
arfordir Cymru gyda dim ond 'pla ar eu cefnau a newyn yn
eu boliau', yn wahanol iawn i eiddo meddygon fel Dr James
Mullin a Dr Mary Hannan, a masnachwyr fel T. J.
Callaghan, a ymsefydlodd yn ne Cymru ar ddiwedd y
bedwaredd ganrif ar bymtheg. At hyn, o ganol y ganrif
honno ymlaen bu rhai Gwyddelod yn barod i arddel
nodweddion megis parchusrwydd, diwydrwydd a sobrwydd
trwy'r cymdeithasau Hibernaidd a flodeuai yn nhrefi de
Cymru. Yr oedd gan y cymdeithasau hyn eu baneri a'u
seindyrf eu hunain, a byddent yn gorymdeithio'n drefnus a
pharchus drwy'r heolydd ar ddydd Gŵyl Padrig. Ar y llaw
arall, yr oedd Gwyddelod eraill yn hapusach ym myd y
shebeen, y man yfed answyddogol a oedd yn dwyn i gof
gwleidyddiaeth chwyldroadol mudiad y Ffeniaid. Ar sail
profiad y ddau grŵp hyn, felly, y mae'n amlwg fod rhai
carfanau ymhlith y lleiafrifoedd yn barotach i gymathu nag
eraill.

   Y mae bodolaeth rhwydweithiau ethnig amrywiol yn
sylfaen ar gyfer cydio o'r newydd yn un o'r syniadau mwyaf
dylanwadol a ddefnyddiwyd i drafod perthynas lleiafrifoedd
ethnig â'r gymdeithas o'u cwmpas. Gwnaethpwyd defnydd
helaeth o un ddelwedd ddylanwadol iawn yn deillio o'r
Unol Daleithiau i ddisgrifio'r proses o gymathu lleiaf-
rifoedd, sef y 'llestr ymdoddi', neu'r 'melting pot'. Ei nod yw
cyfleu'r syniad bod y gwahanol 'cynhwysion' (y grwpiau
ethnig) yn ymdoddi i greu diwylliant newydd yn y 'llestr',
sef y ddinas Americanaidd. Ar un adeg, bu'r syniad hwn yn

22 Gorymdaith Corpus Christi, Caerdydd, 1911.

arbennig o ddeniadol i ysgolheigion Americanaidd a oedd yn
trafod cymdeithas a seiliwyd ar ystod eang o grwpiau
ethnig. Bu hefyd yn ddylanwadol y tu hwnt i ogledd
America. Y mae syniad o'r math hwn yn llechu y tu ôl i
ddehongliad Dai Smith o ddatblygiad cymoedd de Cymru er
1880. Yn ei dyb ef, boddwyd gwahaniaethau ethnig yng
nghymunedau'r de gan fewnfudwyr a oedd yn fwy teyrngar
i'w dosbarth cymdeithasol nag i'w cefndiroedd ethnig.
Datblygodd diwylliant poblogaidd newydd 'cosmopolitan',
yn seiliedig ar gyfraniadau mewnfudwyr o gefn gwlad
Cymru a Lloegr, ynghyd â lleiafrifoedd eraill, gan greu 'y
Gymru Americanaidd' a oedd yn sylfaenol wahanol i'r
Gymru Ymneilltuol. Mynegwyd hanfod y diwylliant
newydd hwn yn y sefydliadau diwylliannol a grëwyd i
gynrychioli'r gymdeithas newydd: y clybiau rygbi, Undeb
Glowyr De Cymru, llyfrgelloedd y glowyr, a'r Blaid Lafur.

Cyfyd sawl problem o'r dehongliad hwn. Yn gyntaf, nid
yw'n cydnabod pwysigrwydd gwahaniaethau diwylliannol
ethnig o fewn y dosbarth gweithiol. Dyma un o'r rhesymau
paham y daethpwyd i amau'r syniad o'r 'llestr ymdoddi' gan
haneswyr yn yr Unol Daleithiau. Yn sgil twf yr
ymwybyddiaeth ethnig yno o'r 1960au ymlaen, nid
ymddangosai'r syniad o leiafrifoedd yn 'ymdoddi' i'r
gymdeithas o'u cwmpas yn berthnasol mwyach. Yr ail
broblem yw'r iaith a oedd yn gyfrwng i'r diwylliant newydd.
Yr oedd 'ymdoddi' yn achos cymoedd de Cymru yn golygu
darlunio diwylliant poblogaidd Cymraeg yr ardal fel
rhywbeth hen ffasiwn yn wyneb y byd 'modern' a
gynrychiolid gan chwaraeon, y mudiad llafur a'r iaith
Saesneg. Trwy hynny methwyd â chydnabod llawnder yr
amrywiaeth diwylliannol a fodolai. Yn wir, un o sgil-
effeithiau derbyn mai gwlad luosog ei diwylliant yw Cymru
yw derbyn bod gan y diwylliant Cymraeg lleiafrifol a fodolai
yn yr ardaloedd Seisnigedig o ddechrau'r ugeinfed ganrif
ymlaen le teilwng hefyd.

Cysyniad arall a ddefnyddir yn fwy cyffredinol heddiw yw 'aml-ddiwylliannaeth'. Fe'i defnyddir gan R. Merfyn Jones yn *Cymru 2000: Hanes Cymru yn yr Ugeinfed Ganrif* (2000), yr unig lyfr cyffredinol ar hanes Cymru i drafod arwyddocâd presenoldeb lleiafrifoedd ethnig. Ar un olwg, dyma gysyniad hynod werthfawr. Fe'i seilir ar y gred fod gan bob diwylliant ei werth, beth bynnag fo'r nifer o bobl sy'n ei arddel. Yn lle proses o ymdoddi, gellir sôn am frithwaith o ddiwylliannau sydd, i'r hanesydd o leiaf, gyfwerth â'i gilydd. Eto i gyd, nid yw'r cysyniad hwn heb ei feirniaid ychwaith, ac mewn rhai cylchoedd yn ddiweddar bwriwyd sen arno fel sylfaen ar gyfer datblygiad cymdeithas wâr. Daeth yr ymosodiadau hyn o ddau gyfeiriad hollol wahanol. Ar y naill law, mynnodd rhai bod caniatáu i grwpiau lleiafrifol goleddu eu diwylliant eu hunain yn peryglu dyfodol 'y genedl', boed honno'n Brydeinig neu'n Gymreig. Purdeb diwylliannol (mewn gwirionedd, unffurfedd) yw nod y beirniaid hyn. Dyma wir etifeddion y Cymry a fu'n ymboeni ynghylch moesoldeb y wlad yn sgil cyhoeddi'r Llyfrau Gleision. Ofn gwahaniaethau diwylliannol yw sylfaen eu gweledigaeth hwy, ac y mae'r ffaith fod y Gymru sydd ohoni mor amlweddog ac amrywiol yn dân ar eu croen. Daw'r feirniadaeth arall o gyfeiriad pur gwahanol. Yn nhyb y sylwebyddion hyn, y mae hanes diweddar cymunedau Islamaidd yn Lloegr a Ffrainc yn dangos na ellid caniatáu i arwahanrwydd cymdeithasol, diwylliannol a gwleidyddol y lleiafrif hwnnw danseilio'r gwerthoedd creiddiol sydd wedi bod yn rhan o ddinasyddiaeth orllewinol ers diwedd y ddeunawfed ganrif. Ymhlith y gwerthoedd hyn ceir rhyddid barn, parch i hawliau'r unigolyn a goddefgarwch. Dyma ddadl lawer mwy grymus a soffistigedig nag eiddo hyrwyddwyr y galwad am 'burdeb' oherwydd ei bod yn seiliedig ar weledigaeth a chanddi wreiddiau dwfn yn niwylliant dinesig Ewrop. Eto i gyd, ymgais i hyrwyddo unffurfiaeth ddiwylliannol a geir yma hefyd, yn enwedig o

23 Leo Abse ar Ddydd y Gyllideb, 1969.

safbwynt y pwyslais cynyddol ym Mhrydain ar sicrhau lle i'r Saesneg fel priod iaith y cartref ymhlith lleiafrifoedd ethnig. O'r safbwynt hwn, ystyrir dwyieithrwydd yn fygythiad. O safbwynt Cymreig, efallai y dylid edrych i gyfeiriad Canada am oleuni. Dyma wlad a chanddi ddwy gymuned ieithyddol fawr a nifer helaeth o leiafrifoedd ethnig; yno, sonnir am 'fosaic ethnig' i ddisgrifio lluosogrwydd diwylliannol y wlad, a hynny heb unrhyw ymateb chwyrn yn erbyn y sawl sy'n siarad mwy nag un iaith yn ei fywyd beunyddiol.

Hyd yn hyn, ni thrafodwyd yn yr ysgrif hon grŵp o fewnfudwyr a gafodd y dylanwad mwyaf ar Gymru yn y cyfnod modern, sef y Saeson. Am amryw o resymau, dyma grŵp sy'n fwy cymhleth i'w astudio, ac ni roes haneswyr sylw manwl iddo, ac eithrio i'w ddylanwad ar newid ieithyddol. Gan nad oedd y Saeson yn synio amdanynt eu hunain fel grŵp ethnig, y mae'n anodd eu hastudio ar yr un gwynt â'r Gwyddelod, yr Eidalwyr a'r Iddewon. Yr oedd y Saeson yn fwy amrywiol o ran cefndir cymdeithasol, galwedigaethau a chrefydd na'r lleiafrifoedd eraill. Deuent o wahanol ranbarthau yn Lloegr ac amrywiai eu niferoedd a'u dylanwad o'r naill begwn o Gymru i'r llall. O ganlyniad, y mae'n anodd darganfod llinyn (ar wahân i iaith) sy'n eu cysylltu. I ryw raddau, gellid dynodi'r Gwyddelod a'r Iddewon trwy eu crefydd. Bu'r synagogau yn ganolbwynt i fywyd Iddewig cymunedol, er bod Leo Abse yn maentumio (gyda chryn gyfiawnhad) fod haneswyr wedi anwybyddu'r nifer sylweddol o Iddewon seciwlar nad oedd yn arddel unrhyw berthynas â synagog. Yr oedd gan yr Eidalwyr, y Sbaenwyr a'r Tseineaid eu hieithoedd neilltuol, a dynodid pobl dduon y wlad gan liw eu croen. Mewn cyferbyniad, y Saeson oedd y mewnfudwyr 'anweledig', yn union fel yr oeddynt yn yr Unol Daleithiau.

Serch hynny, ni ellid anwybyddu grŵp mor fawr. Yn sgil twf eithriadol Maes Glo De Cymru yn y degawdau cyn y

Rhyfel Byd Cyntaf, tyrrai degau o filoedd o fewnfudwyr o
Loegr i'r cymoedd i chwilio am waith yn y glofeydd
newydd, yn union fel y gwnaeth ymfudwyr o gefn gwlad
Cymru. Erbyn 1914 yr oedd mewnfudwyr o Loegr yn
cynrychioli un o bob chwech o drigolion Cymru, a thrigai
hanner y rhain ym Morgannwg. Hanai cyfran sylweddol
ohonynt o siroedd y gororau ac o dde-orllewin Lloegr. Y
cwestiwn a gyfyd yn y cyswllt hwn yw a ellid defnyddio'r
fframwaith a luniwyd uchod ar gyfer deall y berthynas
rhwng y lleiafrifoedd a'r diwylliant mwyafrifol er mwyn
deall profiad y Saeson? Yn sicr, y mae'r themâu o wrthdaro,
gwahaniaethau diwylliannol ac integreiddo yn berthnasol
iddynt hwy hefyd.

Gan nad yw haneswyr wedi astudio profiad y Saeson yng
Nghymru yn fanwl hyd yma, nid oes gennym gorff o
ymchwil i dynnu arno er mwyn dadansoddi'r themâu hyn
yn llawn. Ond er bod y dystiolaeth yn dameidiog, gellir
dweud â sicrwydd y cafwyd peth gwrthdaro rhwng Saeson a
Chymry. Bu terfysgoedd yn erbyn gweithwyr o Loegr yn
Rhymni ym 1825 ac yn Y Tymbl ym 1893. Enynnodd y Sais,
Augustus Brackenbury, lid gwladwyr canolbarth Ceredigion
yn y 1820au, a gorfu i reolwr o Sais ddychwelyd i Loegr ym
1869 oherwydd gweithredoedd torf ddicllon yn nhref Yr
Wyddgrug. Yn wir, defnyddiwyd trais yn erbyn mewn-
fudwyr o Loegr yn amlach nag yn erbyn yr Iddewon, pobl
dduon a'r Tseineaid, ond yn llai aml nag a wnaed yn achos y
Gwyddelod.

Y mae mater gwahaniaethau diwylliannol yn anos i'w
gloriannu. Diau mai'r Saesneg yw'r arwydd amlycaf o
arwahanrwydd y Saeson yng Nghymru, ac y mae grym
diwylliannol yn rhan annatod o'r mater. At ei gilydd,
grwpiau o bobl ddi-rym yw'r lleiafrifoedd eraill a drafodwyd
yn yr ysgrif hon. Er bod masnachwyr Iddewig a meddygon
Gwyddelig i'w cael, er enghraifft, nid oedd gan ddiwylliant y
grŵp yr oeddynt yn perthyn iddo rym cymdeithasol a

gwleidyddol. Rhywfaint yn wahanol yw'r sefyllfa yn achos y Saeson. Yr oedd mewnfudwyr o Loegr yn perthyn i grŵp a ystyrir yn 'norm' ieithyddol mewn cyd-destun Prydeinig, hynny yw, templed y gellid barnu eraill yn ei erbyn. Mewn termau ieithyddol, grŵp dominyddol ydoedd yn hytrach na 'lleiafrif ethnig'. Iaith rymusaf yr oes oedd Saesneg, a hi oedd yr unig un â'r grym i newid tirlun ieithyddol Maes Glo De Cymru. Y mae'n werth nodi bod y mewnlifiad i'r maes glo wedi digwydd ar yr union adeg pan oedd yr Ymerodraeth Brydeinig yn ei hanterth.

Cyfyd y dehongliad hwn gwestiynau dyrys oherwydd nid oedd llawer o'r Saeson a fudodd i Gymru i weithio yn y diwydiant dur neu'r pyllau glo yn berchen ar unrhyw rym materol neu statws cymdeithasol uchel. Eto i gyd, o'u cymharu â gweithwyr Gwyddelig neu Sbaenaidd, neu forwyr duon, yr oedd sefyllfa'r Saeson yn wahanol. Anodd osgoi'r casgliad mai'r hyn sy'n bwysig yma yw eu niferoedd. Pan oedd y nifer o Saeson a ymsefydlai yng Nghymru yn gymharol fach, nid oeddynt yn peryglu safle'r Gymraeg yn y gweithle nac yn y gymuned. Ond yn sgil y cynnydd sylweddol a gafwyd o'r 1890au ymlaen, newidiodd y sefyllfa, nid yn unig oherwydd fod y Saeson yn fwy niferus ond hefyd oherwydd eu bod yn dwyn i Gymru iaith imperialaidd rymus, iaith a arferid eisoes gan nifer gynyddol o'r brodorion.

O ganlyniad i fewnfudo ar raddfa mor fawr gwnaed defnydd ehangach o'r Saesneg nag erioed o'r blaen. Bellach yr oedd yr iaith fain yn rhan annatod o ddiwylliant cyhoeddus trefi a phentrefi cymoedd canolig a dwyreiniol y maes glo, er enghraifft, ac yn cystadlu yn erbyn y Gymraeg mewn nifer fawr o beuoedd cymdeithasol yn yr ardaloedd hynny. Rhan o gymhlethdod y sefyllfa hon yw'r ffaith nad oedd y Saesneg yn eiddo i Saeson yn unig. Crëwyd diwylliant poblogaidd newydd yn yr ardaloedd diwydiannol hyn a oedd yn seiliedig yn fwy ar y clwb rygbi a'r dafarn nag

24 Merched o Glwb yr Enfys mewn gwisg Gymreig,
Y Drenewydd (Butetown), 1957.

ar y capel a'r mudiad dirwest. Yn y proses lluniwyd math newydd o Gymreictod a elwid yn hunaniaeth Eingl-Gymreig. Golygai hynny fod modd ystyried rhai Saeson yn Gymry. Gwelwyd hyn yn glir pan nodwyd marwolaeth y chwaraewr rygbi disglair Gwyn Nicholls, gŵr a aned yn Lloegr ond a gynrychiolodd Gymru ar y maes chwarae. Fe'i disgrifiwyd yn y *Western Mail* fel 'in everything except birth a true rugby son of Wales'. Ar hyn o bryd, ni ellir bod yn sicr i ba raddau y bu hyn yn brofiad mwy cyffredinol ymhlith y Saeson yng Nghymru. Yr eironi yw fod gan y mewnlifiad o Loegr iaith ddigon rymus i newid patrwm ieithyddol y cymunedau yr ymsefydlwyd ynddynt, ond i raddau helaeth diflannodd unrhyw arwydd o ddiwylliant Seisnig neilltuol wedi hynny.

Yn yr ysgrif hon trafodwyd peth o ffrwyth yr ymchwil newydd ar hanes lleiafrifoedd ethnig yng Nghymru. Gan nad yw pob person sy'n perthyn i leiafrif ethnig yn fewnfudwr, y mae angen gwahaniaethu rhwng *mewnfudwyr* ar y naill law a *lleiafrif ethnig* ar y llall. Dyma bwynt allweddol bwysig, oherwydd ni ellir anwybyddu pobl fel y teulu Keating ac Abse ac eraill ar y sail eu bod yn perthyn i genedl arall. Fe'u ganed yng Nghymru ac maent yn rhan annatod o dirlun diwylliannol amlweddog y wlad. Y maent yn rhan annatod o gof y genedl arbennig hon. Y mae'n hen bryd i ni ymwrthod unwaith ac am byth â gweledigaeth gaethiwus oes Victoria a chydnabod yn llawen mai brithwaith o ddiwylliannau oedd ac yw'r Gymru fodern. Deil rhai ysgolheigion mai lluosogaeth ddiwylliannol – yn deillio'n wreiddiol o'r proses o fewnfudo – yw'r thema sy'n diffinio'r cyfnod o globaleiddio yr ydym yn byw ynddo heddiw. Er gwell neu er gwaeth, y mae Cymru wedi bod yn rhan o'r proses hwnnw gydol ei hanes modern ac y mae'n parhau i fyw gyda'r canlyniadau.

DARLLEN PELLACH

Ursula Henriques (gol.), *The Jews of South Wales: Historical Studies* (Caerdydd, 1993).

Colin Hughes, *Lime, Lemon and Sarsaparilla: the Italian Community in South Wales, 1881–1945* (Pen-y-bont ar Ogwr, 1991).

R. Merfyn Jones, *Cymru 2000: Hanes Cymru yn yr Ugeinfed Ganrif* (Caerdydd, 2000).

Joseph Keating, *My Struggle for Life* (1916; ailgyhoeddwyd Dulyn, 2005).

Alan Llwyd, *Cymru Ddu: Hanes Pobl Dduon Cymru/Black Wales: A History of Black Welsh People* (Caerdydd, 2005).

Paul O'Leary, 'A Tolerant Nation? Anti-Catholicism in Nineteenth-Century Wales' yn R. R. Davies a Geraint H. Jenkins (goln.), *From Medieval to Modern Wales: Historical Essays in Honour of Kenneth O. Morgan and Ralph A. Griffiths* (Caerdydd, 2004).

Paul O'Leary, *Immigration and Integration: The Irish in Wales, 1798–1922* (Caerdydd, 2000).

Paul O'Leary (gol.), *Irish Migrants in Modern Wales* (Lerpwl, 2004).

Dai Smith, *Aneurin Bevan and the World of South Wales* (Caerdydd, 1993).

Charlotte Williams, Neil Evans a Paul O'Leary (goln.), *A Tolerant Nation? Exploring Ethnic Diversity in Modern Wales* (Caerdydd, 2003).

'YR UNIG UN ERIOED': R. T. JONES, CHWARELWR LLECHI AC AELOD SENEDDOL

Emyr Price

Nid Tori rhonc na Liberal chwaith
Gaiff heddiw'n sirol sedd,
Ond gŵr o'r bonc a mab y graith
Rydd i ni newydd wedd.

Y Dinesydd Cymreig, 1 Tachwedd 1922

Fel y dengys y rhigwm uchod o golofnau'r newyddiadur sosialaidd o Gaernarfon, *Y Dinesydd Cymreig*, yr oedd peth optimistiaeth yng nghanol bwrlwm etholiad cyffredinol 1922 y gallai'r Blaid Lafur ennill etholaeth Caernarfon am y tro cyntaf. Pe digwyddai hynny, byddai'n fuddugoliaeth arloesol i Lafur, nid yn unig yng Ngwynedd, ond hefyd yng ngogledd Cymru. Y gŵr a bleidiodd achos Llafur oedd R. T. Jones, cynrybelwr a chwarelwr llechi (ac er 1908 ysgrifennydd proffesiynol cyntaf ac olaf Undeb Chwarelwyr Gogledd Cymru). Drwy ennill y sedd, torrodd R. T. Jones gŵys newydd drwy fod y cyntaf o blith 'gwŷr y garreg las' i ennill sedd yn San Steffan a hefyd sicrhau'r fuddugoliaeth gyntaf i Lafur yn y rhanbarth. Bu'r etholiad cyffredinol yn garreg filltir nodedig yn hanes Cymru gan mai dyna pryd y disodlwyd y Rhyddfrydwyr gan Lafur fel prif blaid Cymru.

Bu'r ysgrifen ar y mur i'r Rhyddfrydwyr oherwydd twf Llafur rhwng etholiadau cyffredinol 1918 a 1922. Yn etholiad cyffredinol 1918 cipiodd Llafur ddeg sedd yng Nghymru, ac mewn cyfres o isetholiadau rhwng hynny ac etholiad cyffredinol 1922 cipiodd ragor o seddi, gan fanteisio ar amhoblogrwydd mawr llywodraeth glymbleidiol Lloyd George a'r Torïaid, sef gweinyddiaeth olaf Lloyd George yn 10 Stryd Downing. Erbyn 1922 yr oedd y dyn a enillasai'r Rhyfel Mawr wedi mynd ar gyfeiliorn yn sgil y polisi dadleuol o ddefnyddio'r 'Black and Tans' yn Iwerddon, ei bolisïau gwrth-undebol ym Mhrydain, a'r toriadau sylweddol mewn gwariant cyhoeddus a ddwysaodd y dirwasgiad economaidd erbyn diwedd ei weinyddiaeth. At hynny, cyfrannodd ei 'arwerthiant anrhydeddau' at ei amhoblogrwydd. Yng nghanol môr o sgandal, ymadawodd y Torïaid â chlymblaid Lloyd George yn Hydref 1922, a bu raid i'r dewin o Ddwyfor ymddiswyddo. Yn yr etholiad a gynhaliwyd yn sgil hynny yr oedd y Rhyddfrydwyr yn parhau yn rhanedig rhwng carfan Asquith a Rhyddfrydwyr cenedlaethol Lloyd George. Dim ond 57 sedd a enillwyd gan y Rhyddfrydwyr, ac ar ôl y fath berfformiad trychinebus bu'n rhaid wynebu blynyddoedd yn y diffeithwch.

Yng Nghymru cynyddodd cyfanswm seddau'r Blaid Lafur i 18. Cafwyd 16 o'r buddugoliaethau hyn ym Maes Glo De Cymru, ond enillwyd hefyd ddwy sedd yn y gogledd. Yn etholaeth Wrecsam, lle yr oedd nifer sylweddol o lowyr a'u gwragedd dros 30 oed ymhlith y pleidleiswyr, ni fu buddugoliaeth Llafur yn gwbl annisgwyl, a dychwelwyd Robert Richards, yr hanesydd a'r sosialydd cenedlatholgar Cymreig. Yn fwy annisgwyl, yn etholaeth Caernarfon, y drws nesaf i gadarnle David Lloyd George ym mwrdeistrefi Caernarfon, cipiwyd y sedd oddi ar y Rhyddfrydwyr gan R. T. Jones, ysgrifennydd Undeb Chwarelwyr Gogledd Cymru. Er ei bod yn ymddangos yn fuddugoliaeth ysgytiol, ni fu'r canlyniad – nac ychwaith yrfa seneddol R. T. Jones wedi hynny – heb eu brychau na'u diffygion. Ni thrafodwyd y 'fuddugoliaeth' hon yn fanwl o'r blaen gan haneswyr, ond y mae amryw wedi cyfeirio ati. Disgrifiwyd y canlyniad gan y diweddar Cyril Parry, yn ei lyfr ar dwf Llafur yng Ngwynedd hyd at 1920, fel 'a breakthrough and an inevitable triumph . . . with Labour poised for victory'. Yn ôl Kenneth O. Morgan hefyd, yr oedd hon yn 'fuddugoliaeth arbennig a syfrdanol'. Deil y prif awdurdod ar Undeb y Chwarelwyr, R. Merfyn Jones, er ei fod yn cydnabod bod y fuddugoliaeth yn un 'anghyflawn', fod ethol R. T. Jones yn drobwynt sylweddol, 'marking a sharp disjuncture with the radical culture of the nineteenth century'.

Eto i gyd, gellir amau'r ddamcaniaeth fod y 'fuddugoliaeth' yn anochel. Yn wir, gellir dadlau ymhellach fod ymgeisyddiaeth a buddugoliaeth R. T. Jones ym 1922 ymhell o fod yn 'marking a sharp disjuncture with the radical culture of the nineteenth century'. At hynny, rhaid gofyn a enillodd R. T. Jones y sedd oherwydd polisïau sosialaidd cadarn ynteu o ganlyniad i nifer o amgylchiadau ffodus (a ffactorau negyddol yn arbennig), ar adeg pan oedd ei wrthwynebwyr yn rhanedig ac yn aneffeithiol. Yn ogystal, y mae'r cwestiwn yn codi i ba raddau y treuliodd ei amser yn y Senedd yn trafod materion Rhyddfrydol ac Ymneilltuol, nodweddiadol Lib-Lab, yn hytrach na chanolbwyntio ar dwf Llafur. Yn wir, onid yw'r ffaith mai am flwyddyn yn unig y bu'n aelod seneddol a'r ffaith iddo fethu â chipio'r sedd droeon wedi hynny yn awgrymu nad oedd etholiad 1922 yn arwydd o lwyddiant parhaol nac o wawr newydd yng ngwleidyddiaeth Gwynedd rhwng y ddau ryfel byd?

Cyn trafod yn fanwl arwyddocâd 'buddugoliaeth' 1922 a gyrfa seneddol Jones, rhaid cydnabod bod ei yrfa rhwng ei benodiad yn swyddog llawn-amser Undeb y Chwarelwyr ym 1908 ac etholiad 1922 yn dangos yn eglur nad oedd yn agos at fod yn sosialydd tanllyd. I'r gwrthwyneb, mor ddiweddar â 1918–19 yr oedd yn amharod i weld yr undeb yn ymgysylltu â'r Blaid Lafur, er bod amryw o gyfrinfeydd yr undeb wedi galw'n groch am hynny ers blynyddoedd. Yn wir, mynnai R. T. Jones gynnal perthynas agos ag aelodau seneddol Rhyddfrydol, yn enwedig â Lloyd George, am gyfnod maith. Er bod R. Merfyn Jones yn honni bod buddugoliaeth R. T. Jones ym 1922 yn drobwynt sylweddol yn hanes yr undeb a'r Blaid Lafur, y mae hefyd yn pwysleisio iddo ymgyrchu'n daer cyn 1920 yn erbyn cysylltiad yr undeb â'r Blaid Lafur.

Amlygwyd hyn mewn sawl cyfarfod blynyddol o'r undeb yn y cyfnod cyn y Rhyfel Mawr. Er enghraifft, ym 1910 ac eto ym 1911, defnyddiodd Jones bob ystryw posibl er mwyn ceisio atal uniad o'r fath (er ei fod ef ei hun yn un o sylfaenwyr y Blaid Lafur Annibynnol (ILP) ym Mlaenau Ffestiniog cyn iddo erioed ddod yn swyddog undeb). Yn fwy rhyfeddol fyth, ac yntau'n un o sylfaenwyr Cyngor Llafur Sir Gaernarfon ym 1912, yr oedd wedi pwyso ar y pwyllgor hwnnw i ddewis ymgeiswyr cywir ar gyfer etholiadau lleol,

25 Gweithio'r 'garreg las' yn un o chwareli Blaenau Ffestiniog ar ddechrau'r ugeinfed ganrif.

yn eu plith chwarelwyr. Eto i gyd, gwrthwynebai'n ffyrnig unrhyw gais i uno'r blaid a'r undeb ar lefel seneddol. Yn wir, ar ôl 1912 parhâi i feithrin perthynas agos â'r Blaid Ryddfrydol, ac ym 1915, ar farwolaeth William Jones, aelod seneddol Arfon, perswadiodd ei undeb i'w enwebu fel ymgeisydd Lib-Lab yn yr etholaeth honno. Ni dderbyniodd yr awgrym hwnnw unrhyw gefnogaeth gan Gymdeithas Ryddfrydol yr etholaeth, a datganodd Undeb y Chwarelwyr mai 'dyma'r sarhad mwyaf a dderbyniasom erioed', gan ychwanegu 'na fyddai ganddynt eto unrhyw gysylltiad o gwbl â'r Rhyddfrydwyr'. Yr un pryd, beirniadwyd R. T. Jones yn hallt gan Gyngor Llafur Sir Gaernarfon, yn enwedig gan David Thomas, ei ysgrifennydd gweithgar, am ei ymlyniad wrth y Rhyddfrydwyr. Pwdodd R. T. Jones ac ymadawodd â'r cyngor dros dro.

Fodd bynnag, ym 1918, wrth i etholiad cyffredinol arall agosáu, ymdrechodd unwaith eto i berswadio'r undeb i'w gefnogi fel ymgeisydd a oedd yn annibynnol ar y Blaid Lafur. Y tro hwn amcanai sefyll fel ymgeisydd yn etholaeth Caernarfon dan y label Llafurwr annibynnol a chenedlaetholwr Cymreig. Unwaith eto, gwrthodai arddel unrhyw berthynas â Llafur oherwydd credai na fyddai ef nac unrhyw chwarelwr yn cael ei ddewis yn ymgeisydd gan y blaid honno. Yn etholiad cyffredinol 1918, felly, safodd fel Llafurwr annibynnol, gan wrthod cefnogi polisïau sosialaidd megis gwladoli a chodi ardoll ar enillion cyfalaf. Yn wir, yn ei faniffesto pwysleisiodd yr angen i gryfhau mesurau lles y Rhyddfrydwyr cyn y rhyfel, gan hyrwyddo yn ogystal hen achosion Rhyddfrydol megis dirwest ac, yn fwy dadleuol, hunanlywodraeth i Gymru.

Enillwyd yr etholiad gan C. E. Breese, Rhyddfrydwr cenedlaethol a safai ar gwpon Lloyd George. Ef oedd y twrnai eglwysig di-Gymraeg y bu Lloyd George yn gweithio drosto pan oedd yn brentis twrnai. Cynrychiolodd Breese hefyd feistri'r chwarel yn ystod y trafodaethau â'r chwarelwyr yn ardal Blaenau Ffestiniog. Enillodd y sedd â mwyafrif o 2,343 o bleidleisiau dros Jones (a ddaeth yn ail gyda chyfanswm o 8,145, sef 34.6 y cant o'r bleidlais). Yn hwyr iawn yn y dydd, sylweddolodd Jones y byddai'n rhaid iddo ef a'i undeb ymgysylltu'n swyddogol â'r Blaid Lafur os oeddynt am ennill y sedd. Yn wir, nid oedd ganddo fawr o ddewis, oherwydd yn syth ar ôl yr etholiad yr oedd y mwyafrif o aelodau'r undeb yn mynnu symud i'r cyfeiriad hwnnw. O ganlyniad, yn gynnar ym 1919 ymunwyd â'r Blaid Lafur.

Cyn 1908, er bod ganddo uchelgais amlwg, troedio'n ofalus ym mhopeth a wnâi oedd un o nodweddion pennaf R. T. Jones. Fe'i ganwyd ym 1874 mewn amgylchiadau pur dlawd. Chwarelwr yn Ffestiniog a hanai o Lanrwst oedd ei dad, Robert, tra oedd Ellen, ei fam, yn enedigol o'r Blaenau. Adeg Cyfrifiad 1881 yr oeddynt yn byw yn nheras Tan-yr-allt yn y dref ac yr oedd ganddynt bump o blant: dwy ferch a thri mab. Pan oedd Robert yn ddwy oed aeth ei dad â'r teulu

26 R. T. Jones (1874–1940), yr unig chwarelwr o Gymro i ennill sedd yn San Steffan.

i Batagonia i geisio amgenach bywyd, ond ni chawsant unrhyw lwyddiant a bu raid dychwelyd i'r Blaenau. Cafodd Robert addysg elfennol yn y dref cyn dilyn llwybr ei dad i'r chwarel a dechrau gweithio yno fel rybelwr. Fodd bynnag, fe'i haddysgodd ei hun drwy gwblhau cyrsiau dosbarthiadau nos mewn Mathemateg, Saesneg a Chyfrifyddiaeth. Erbyn ei ugeiniau yr oedd yn ffigur amlwg ym Mlaenau Ffestiniog, a phan ymgeisiodd am swydd fel ysgrifennydd y chwarelwyr, tystiai ei gais i'w ddoniau niferus. Yr oedd ganddo lyfrgell sylweddol, yn cynnwys llyfrau ar bynciau megis economeg a hanes Llafur. Nododd hefyd ei fod yn llywodraethwr ysgol, yn gyd-sylfaenydd cangen yr ILP yn y Blaenau, a bod ganddo brofiad hir o ysgrifennu colofnau ac adroddiadau ar gyfer papurau lleol fel *Y Rhedegydd*. Yr oedd hefyd yn athro ysgol Sul.

At hynny, rhwng 1908 a 1922 yr oedd wedi dal swyddi cyhoeddus cyfrifol. Bu'n eistedd ar fainc ynadon Caernarfon, gwasanaethodd ar dribiwnlys militaraidd adeg y Rhyfel Mawr ac ar bwyllgor pensiynau rhyfel, a phenodwyd ef yn llywodraethwr Coleg Prifysgol Gogledd Cymru, Bangor. Yr oedd hefyd yn aelod o Gomisiwn Brenhinol y Mwynfeydd a'r Chwareli, yn aelod o bwyllgor gwaith Cyngres yr Undebau Llafur, ac yn gynrychiolydd ar y Bwrdd Yswiriant Gwladol. Felly, ar drothwy etholiad 1922 yr oedd yn ŵr adnabyddus a phrofiadol. Yn ôl un o undebwyr amlycaf Cymru, Huw T. Edwards, yr oedd yn gyflafareddwr disglair, ond yn siaradwr marwaidd ar lwyfan, ac yn ŵr ceidwadol ei natur. Ymddengys ei fod yn un o aelodau hynaf a mwyaf brwd Cyfrinfa Seiri Rhyddion y Moelwyn rhwng 1916 a 1940:

> In the most intimate of circles he would boast that he became a freemason in order to help the slate quarrymen achieve a better standard of living . . . RT is the only trade union member I have met who might have become a freemason for that very reason.

Yn arwyddocaol hefyd, sonia Edwards am fater paradocsaidd arall yn ymwneud â'i fywyd preifat: 'He liked to dabble on the Stock Exchange.'

Yr oedd yn gymeriad deublyg, felly, a'r cyn-chwarelwr cyntaf i sefyll yn swyddogol dros y Blaid Lafur mewn etholiad cyffredinol. Dechreuodd yr ymgyrch yn ffurfiol yng nghanol mis Hydref 1922. Ei asiant dawnus a gweithgar oedd David Thomas, er i hwnnw fod yn eithriadol o feirniadol o safbwynt Lib-Lab Jones ym 1915. Yn ogystal, ac yntau'n heddychwr a ddioddefodd yn ystod y Rhyfel Mawr, yr oedd Thomas yn hallt ei feirniadaeth o Jones am gefnogi ymgyrch ryfel Lloyd George mor amlwg. Eto i gyd, yr oedd Thomas wedi dechrau paratoi ar gyfer yr ornest mor gynnar â mis Mawrth 1918. Yng nghyfarfodydd Cyngor Llafur Sir Gaernarfon bu wrthi'n ddyfal yn trefnu grwpiau canfasio, yn archebu posteri, ac yn sicrhau bod gan y blaid nifer o foduron i dywys areithwyr yn ogystal â'r ymgeisydd i bob rhan o'r etholaeth eang.

At hynny, yr oedd David Thomas yn newyddiadurwr toreithiog ac yn gyfrannwr arbennig o gyson i'r papur sosialaidd Cymraeg, *Y Dinesydd Cymreig*. Yn ystod yr ymgyrch gwnaeth ddefnydd helaeth o'r wythnosolyn hwn i daenu propaganda dros ei blaid. Condemniai lywodraeth glymbleidiol Lloyd George yn hallt yn ei golofnau, ac yn ei chyfrol ardderchog am ei thaid dengys Angharad Tomos sut y defnyddiodd y papur i hybu achos Llafur yn effeithiol. Drwy gynnwys adroddiadau, sloganau a rhigymau, honnai mai Llafur oedd yr unig blaid ar gyfer gweithwyr, sosialwyr, heddychwyr, cenedlaetholwyr Cymreig a ffeministiaid, heb sôn am chwarelwyr a'u gwragedd. Rhoddai Thomas bwyslais mawr hefyd ar yr angen i godi rhagor o dai cyngor yn lleol, i fabwysiadu cynlluniau gwaith cyhoeddus er mwyn ysbarduno cyflogaeth, i sicrhau mesurau budd a lles cryfach, ac i ailstrwythuro diwydiant a gwladoli'r diwydiannau mwyaf, heb anghofio gwella cyflwr tenantiaid bychain a gweision fferm. Ar ben hynny, yn ddiddorol iawn,

27 David Thomas (1880–1967), asiant R. T. Jones
yn etholiad 1922 yn sir Gaernarfon.

credai y gallai ymgyrchu dros hunanlywodraeth i Gymru
hyrwyddo polisïau radicalaidd a sosialaidd. Yn hyn o beth
ymdebygai i R. T. Jones, ond yr oedd nifer o wahaniaethau
rhyngddynt ar hyd y sbectrwm sosialaidd. Wrth i'r ymgyrch
ddwysáu, gwelwyd Thomas yn pardduo clymblaid Lloyd
George yn *Y Dinesydd:*

> Mae Lloyd George wedi bradychu y glowyr, chwarelwyr
> llechi ac ithfaen a gweision ffermydd ac wedi gadael
> dros ddwy filiwn o weithwyr ar y dôl a llawer gyda thai
> cwbwl anaddas . . . os yw'r bedair blynedd ddiwethaf yn
> dystiolaeth fod Lloyd George wedi gwasanaethu'r bobl,
> Duw a helpo'r bobol o dderbyn unrhyw wasanaeth
> pellach ganddo.

Wythnos yn ddiweddarach, er gwaethaf y gwahaniaethau a
fodolai rhyngddo ef a Jones, yr oedd David Thomas yn
fodlon pleidio ei rinweddau yn gyhoeddus:

> Roedd yn un o'r werin bobol a oedd yn Gymro trwyadl
> yn Gymraeg a'r iaith fain. Ef a iawn ddeallai ddyheadau
> ac amcanion y gweithiwr, drwy ei holl brofiad ac am
> hynny haeddai gefnogaeth pob llafurwr a gwerinwr yn
> yr etholaeth.

Felly, yr oedd yr ymgyrch dan arweiniad David Thomas
eisoes wedi achub y blaen ar y gwrthwynebwyr
Rhyddfrydol. Yr oedd gan Jones fantais arall hefyd. Yr oedd
y Rhyddfrydwyr yn yr etholaeth a thrwy Brydain wedi eu
hollti yn ddwy garfan, sef y 'We Frees' ar y naill law, a
Rhyddfrydwyr Lloyd George ar y llall. Yr oedd Ellis W.
Davies, cynrychiolydd yr Asquithiaid, yn casáu C. E. Breese,
pleidiwr i Lloyd George, oherwydd fod Breese wedi ei
wrthwynebu fel Rhyddfrydwr swyddogol ym 1918.
Dwysaodd y chwerwder ym 1922 pan ddewiswyd Breese i
sefyll unwaith eto, er ei fod wedi ymddwyn fel Tori i bob

pwrpas yn Senedd 1918-22. Bu rhyfel geiriol chwyrn rhwng y ddwy garfan. Ymosododd *Y Genedl Gymreig*, cyn-bapur Lloyd George, yn ffyrnig arno ef a Breese, a lluniodd y golygydd, E. Morgan Humphreys, ysgrifau difrïol iawn am y sawl a oedd, yn ei dyb ef, wedi bradychu Rhyddfrydiaeth.

Yr oedd y papur mewn gwewyr pan gyhoeddodd Davies (gan honni fod ei iechyd yn rhy fregus) na fyddai'n sefyll fel ymgeisydd ym 1922. Tybiai'r *Genedl Gymreig*, serch hynny, iddo gilio o'r ornest oherwydd iddi gael ei frifo a'i drin yn annheilwng gan Lloyd George. Ofnai'r papur hefyd y byddid yn colli'r sedd petai dau Ryddfrydwr yn sefyll. Bu'r tywallt gwaed yn y gwersyll Rhyddfrydol o fantais fawr i Lafur. Yn wir, yn *Y Genedl Gymreig* ar 7 Tachwedd cyhoeddwyd sylwadau cas gan Ellis Davies yn honni mai Tori oedd Breese yn y bôn ac y dylai ei gefnogwyr ym 1918 bleidleisio dros Lafur y tro hwn.

Cafwyd rhagor o ddathlu yng ngwersyll R. T. Jones pan gyhoeddodd y *Carnarvon and Denbigh Herald* lythyr hir gan Ellis Davies ar 10 Tachwedd, yn beirniadu Rhyddfrydiaeth lastwraidd Breese:

> It is of the milk and water kind . . . his party seems to be a kind of jelly which takes the form of any mould that may be convenient at the time.

Cyhoeddodd *Yr Herald Cymraeg* hefyd fod Ellis Davies yn ysgogi ei gefnogwyr i bleidleisio dros y Llafurwr cymedrol, R. T. Jones. I ychwanegu at ofidiau Breese, cyhoeddodd y papur ei record seneddol (1918-22), a fradychai'r ffaith ei fod wedi pleidleisio'n gyson gyda'r Toriaid:

> Breese was not a powerful candidate . . . he has done nothing to secure his constituency's support for four years . . . he has made no mark in the House and his uncompromising support for the coalition with the Tories has disappointed many Liberals.

Manteisiodd *Y Dinesydd Cymreig* yn llawn ar y cecru hwn, gan honni na allai Breese gyfathrebu â mwyafrif yr etholwyr yn eu priod iaith. Honnai hefyd ei fod wedi cefnogi mesurau mwyaf Torïaidd y glymblaid, megis 'bwyell Geddes' a gwtogodd wariant cyhoeddus mor llym, ac iddo hefyd gefnogi'r 'Black and Tans' yn Iwerddon:

> Mewn difri a all unrhyw Ryddfrydwr gonest neu unrhyw Lafurwr triw roi ei bleidlais i ddyn sydd yn Dori rhonc, er ei fod yn hawlio cysylltiad gyda'r Rhyddfrydwyr?

Yn ogystal â hynny, defnyddiodd *Y Dinesydd* ddulliau tabloid arloesol i apelio at y werin, megis sloganau syml fel hwn:

> Mae'r rhai sy'n meddwl yn fotio Llafur,
> Mae'r rhai sydd ddim yn meddwl yn fotio i'r Rhyddfrydwyr,
> Mae'r rhai sydd ddim yn meddwl o gwbwl yn fotio Tori.

Arbrofodd David Thomas hefyd drwy gynnwys cyfres 'Cwestiwn ac Ateb' er mwyn addysgu'r darllenwyr ynghylch pynciau politicaidd digon astrus, megis diwygio'n sylfaenol fesurau budd a lles Lloyd George, yn enwedig y pensiwn, y dôl ac yswiriant iechyd. Apeliodd *Y Dinesydd* yn uniongyrchol at ferched dros 30 oed, carfan a chanddi bleidlais am y tro cyntaf, gan gefnogi'r galw ar i bob merch dros 21 oed gael y bleidlais. Er enghraifft, neilltuwyd colofn ffeministaidd yn y papur i Muriel Price, athrawes o Bwllheli. Ynddi ymgyrchai dros sicrhau'r bleidlais i ferched dros 21, gwell pensiynau i wragedd gweddwon, a gwell triniaeth feddygol i ferched. Ar 15 Tachwedd yr oedd neges Muriel Price yn gwbl ddiamwys:

> Nid oes plaid fel y Blaid Lafur
> Am fynnu hawliau'r ferch.
> Mae ei chefnogaeth yn gyson
> I wragedd y gweithwyr.

Dengys y dulliau hyn mai dyn a chanddo welediad oedd David Thomas. Yn ystod yr ymgyrch gofalodd fod merched yn annerch cyfarfodydd, a threfnodd gyfarfodydd yn y prynhawn ar eu cyfer, gan berswadio'r hen lanc ei hun, R. T. Jones, i'w hannerch. Cynhwysai'r papur negeseuon wythnosol oddi wrth sêr y Blaid Lafur a'r undebau, megis J. R. Clynes a Jimmy Thomas, arweinydd y gweithwyr rheilffordd. Ceid negeseuon gan rai o arwyr pennaf y gweithwyr, megis Jimmy Wilde, y pencampwr bocsio o Tylorstown, a darllenid y negeseuon hyn i fanllefau o gymeradwyaeth yn y cyfarfodydd cyhoeddus. Eto i gyd, y dull mwyaf poblogaidd o daenu propaganda oedd drwy ganu rhigymau, a gwnaed hynny'n aml i gyfeiliant bandiau lleol. Yr oedd sawr gwir werinol yn perthyn i'r cyfansoddiadau hyn, fel y dengys y rhigwm hwn a gyhoeddwyd yn Y Dinesydd ar 1 Tachwedd:

> Nid Tori rhonc na Liberal chwaith
> Gaiff heddiw'n sirol sedd,
> Ond gŵr o'r bonc a mab y graith
> Rydd i ni newydd wedd.

Honnodd y Times ar 11 Tachwedd fod pum mil o chwarelwyr a'u gwragedd yn byw yn yr etholaeth ac y gallai 'gŵr o'r bonc' hawdd ddisgwyl cefnogaeth gan y mwyafrif ohonynt, er bod chwarelwyr Toriaidd i'w cael, a bod amryw o siopwyr a gweinidogion ym mhentrefi'r chwareli yn geidwadol iawn, os nad yn Doriaid. Dyma fantais arall i Jones yn erbyn Breese, a ystyrid yn rhywun a oedd yn cribo i lawes perchenogion y chwareli. O ganlyniad, mynnai'r Dinesydd ei bod yn ddyletswydd ar ddarllenwyr i bleidleisio dros yr undebwr yn hytrach na thros was bach y meistri:

> Nid oes dim dewis i'r bobol ond fotio i ddyn o argyhoeddiad clir a dwfn o blaid lles y gweithiwr yn hytrach na'r dyn arall sydd wedi ei glymu'n dynn wrth

achos y Toriaid adweithiol . . . gwnewch yn siwr bod
pob gweithiwr a'u gwragedd yn fotio i R. T. Jones.

At hynny, yr oedd gan Jones fantais fawr arall, sef peiriant
etholiadol effeithiol. Siop siafins fu'r peiriant Rhyddfrydol
oddi ar y rhaniad Rhyddfrydol ym 1918, ond yr oedd gan
Jones fyddin fechan o arweinwyr, gan gynnwys athrawon
ysgol a oedd wedi radicaleiddio yn sgil penderfyniad Lloyd
George i gwtogi ar wariant cyhoeddus. Yn ogystal â hynny,
gallai David Thomas alw ar nifer o'i hen gyfeillion i'w
gynorthwyo drwy ganfasio a siarad yn gyhoeddus o blaid
Llafur; yn eu plith ceid nyrsys, athrawon, gweithwyr budd a
lles, a rhai gweinidogion a oedd yn sosialwyr Cristnogol.
Trefnai Thomas fod pob cyfarfod yn cael ei hysbysebu'n
effeithiol yn y wasg ac ar bosteri ledled yr etholaeth. Er bod
R. T. Jones yn areithydd gwael, gofalodd Thomas fod digon o
siaradwyr cydnerth i gynnal ei freichiau.

Bu'r cyfarfodydd hyn yn allweddol i Jones oherwydd eu
bod yn dwyn ei faniffesto etholiadol gerbron y bobl ac yn
dangos ei fod yn ymgeisydd cymedrol. Yr oedd ef a Thomas
wedi drafftio maniffesto a roddai bwyslais ar ymosod ar
Breese, a lluniwyd rhaglen nad oedd yn cynnwys dwy o brif
elfennau   maniffesto   canolog   Llafur,   sef   gwladoli'r
rheilffyrdd a'r mwynfeydd a chodi ardreth ar enillion
sylweddol ac ar elw cyfalaf. Yr oedd Jones yn awyddus iawn
i beidio â chael ei bortreadu fel sosialydd eithafol, a
llwyddodd yn hyn o beth i ryw raddau, fel y dengys
disgrifiad y *Daily Post* ohono ar 13 Tachwedd: 'He is well
known locally but only as a moderate trade unionist and
secretary of the Quarrymen's Union. His strength lies in
this fact, rather than in any widespread enthusiasm or
comprehension of Labour doctrines as such.'

Yr oedd ganddo nifer fawr o fanteision dros Breese, felly,
ond wrth i'r ymgyrch ddod i'r berw yr oedd yn rhaid iddo ei
amddiffyn ei hun yn erbyn y cyhuddiad ei fod yn sefyll dros

blaid a oedd yn honedig eithafol. Dyma'r prif gyhuddiad a wynebai am weddill yr ornest, sef ei fod yn ddauwynebog ei sosialaeth, ac yr oedd ganddo rai anfanteision eraill yn ogystal. Buasai gan y Rhyddfrydwyr fonopoli ar fywyd gwleidyddol y rhanbarth ers tro byd. Cyn ffurfio etholaeth Caernarfon ym 1918 bu Rhyddfrydwyr yn cynrychioli etholaethau Arfon ac Eifion. Yr oedd sedd Caernarfon y drws nesaf i gaer gref David Lloyd George ym mwrdeistrefi Caernarfon ac yr oedd dylanwad y gŵr hwnnw yn parhau yn gryf drwy'r sir. Gan fod raid i Lloyd George ganfasio a siarad ledled Prydain, sicrhaodd fod ei wraig Margaret yn cynorthwyo Breese, yn enwedig drwy bleidio achos y merched. Yn wahanol i Breese, a oedd yn uniaith Saesneg, siaradai Margaret Gymraeg croyw, gwerinol, ac yn ystod cyfarfodydd Breese galwai ar yr etholwyr i barhau'n deyrngar i Ryddfrydiaeth, gan ymffrostio yn y ffaith fod y Rhyddfrydwyr wedi ychwanegu at y mesurau budd a lles a sefydlwyd gan ei gŵr. Gofalodd Lloyd George ei fod yn dod i gefnogi Breese o bryd i'w gilydd. Ar blatfform gorsaf Cyffordd Llandudno, dywedodd: 'I know R. T. Jones well but the return of Labour would shatter the country's economy . . . C. E. Breese is a first rate fellow, hard working and always attentive to duty.'

Bu ymosodiadau Lloyd George ar Lafur a'i bortread ohonynt fel eithafwyr yn broblem fawr i R. T. Jones gydol yr ymgyrch, a gwyddai Breese a'r wasg hynny'n iawn. Yn y *Carnarvon and Denbigh Herald* ar 10 Tachwedd, dywedodd Breese: 'I like R. T. Jones personally but he is camouflaging Labour's real policy which is Communistic and nothing short of robbery.'

Ar yr un diwrnod, taranai'r wythnosolyn Toriaidd, *The North Wales Chronicle*, ar yr un thema:

R. T. Jones is using every means to camouflage this extremism obvious in his parliamentary address in what it does and does not say . . . we see that nine

tenths of it could have been written by his opponent Mr
Breese in what he says about peace, reducing
expenditure, work for the unemployed, old age
pensions, housing and public health . . . it is only when
he deals with the question of finding the money for this
programme of socialist reform that the cat's nose peeps
out of the bag. He keeps out of sight the terrible sight
which would frighten every taxpayer . . . he does not
mention capital levy or nationalisation because he
knows that if he preached them publicly he would not
even get the support of the body of his own trade union.

Bu'r wasg Dorïaidd yn fwy na pharod i chwarae'r cerdyn
Bolsiefaidd, ac yn yr un rhifyn o'r *Chronicle* honnwyd y
byddai'r mwyafrif o'r 'We Frees' yn bleidiol i Breese
oherwydd eu bod yn ofni eithafrwydd Llafur, er bod Ellis
Davies eisoes wedi eu cymell i gefnogi Jones. Ar 11
Tachwedd honnodd y *Times* y byddai'r teimlad gwrth-
sosialaidd ymhlith Ymneilltuwyr yr etholaeth yn cyfrif yn
gryf o blaid Breese, er i'r papur hwnnw hefyd ychwanegu fod
anallu Breese i siarad Cymraeg yn anfantais fawr iddo. Yn y
North Wales Chronicle yr un wythnos, ar drothwy'r
etholiad, galwyd yn daer ar bob Rhyddfrydwr i wrthod
cefnogi Jones oherwydd 'gwallgofrwydd gwladoli a threthi
Llafur'. Wrth i'r ymgyrch gyrraedd ei phenllanw, bu raid i
Jones ymateb yn ffyrnig i'r cyhuddiadau o eithafrwydd drwy
bwysleisio ei gymedroldeb droeon. Er enghraifft, yn ystod
cyfarfod a gynhaliwyd ym Mhen-y-groes ar drothwy'r pôl,
honnodd fod ganddo ei faniffesto cymedrol ef ei hun, ac, yng
nghyd-destun yr ardreth ar gyfalaf, dywedodd yn y
Carnarvon and Denbigh Herald: 'It should cause no harm
at all . . . that is nonsense and it is a lie that Labour
intended to tax ordinary people's savings in friendly
societies as Breese had alleged.'
    Yn ogystal â hynny, honnodd nad oedd gwladoli yn fater
brys ac y cymerai gryn amser i gyflawni hynny mewn un

28 Ymosodai'r dewin o Ddwyfor, David Lloyd George, yn ddi-baid ar
R. T. Jones a'r Blaid Lafur yn ystod etholiad 1922.28

neu ddau ddiwydiant yn unig. Yn *Y Dinesydd* bu'n rhaid iddo ymosod ar gyhuddiadau Breese a cheisio cysoni dau faniffesto – ei fersiwn ef ei hun a maniffesto sosialaidd y Blaid Lafur. Ar 9 Tachwedd honnodd y papur y byddai'r ardreth ar enillion cyfalaf yn effeithio ar leiafrif bychan o gyfoethogion yn unig, ac y dylid disgwyl i'r rheini dalu oherwydd bod eu cyfoeth wedi ei seilio ar lafur y dosbarth gweithiol. Yn yr un rhifyn cafwyd slogan yn gwadu Bolsiefaeth honedig y Blaid Lafur:

> Clwyddau noeth ydi'r honiad
> Mai bolsheficiaid ydi Llafur.
> Y Toris a'u criw sy'n cefnogi'r breintiedig
> Ond nid y tlawd a'r gwan.
> Rhain yw'r gwir Bolshies
> Tric tywyllodrus yw cyhuddiadau'r Toris.

Ac yn yr un rhifyn eto dywedwyd: 'Polisiau Llafur yw'r amddiffyniad gorau yn erbyn chwyldro cymdeithasol a rhyfel dosbarth ac yr ydym yn gwadu'n glir ein bod yn llwyr wrthwynebus i fusnesau preifat.'

Y mae'n amlwg fod R. T. Jones, drwy gydol yr ymgyrch, wedi gorfod lliniaru ar bolisi swyddogol ei blaid a cheisio ymddangos yn gymedrol. O ganlyniad, hawdd oedd ei gyhuddo o bragmatiaeth ac o gynnal ymgyrch ragrithiol. Yr un pryd, bu'n rhaid iddo bleidio achosion Ymneilltuol er mwyn ceisio apelio at gapelwyr y 'We Frees' capelgar, ac yr oedd ef ei hun yn gryf o blaid hunanlywodraeth i Gymru.

Felly, erbyn diwrnod yr etholiad yr oedd posibilrwydd cryf y byddai R. T. Jones yn colli'r dydd. A fyddai'r cyhuddiadau o eithafrwydd yn profi'n ddamniol? A oedd ganddo'r profiad a'r gallu yn yr iaith fain i fod yn aelod effeithiol? A fyddai'r 'We Frees' yn pleidleisio drosto? Faint o chwarelwyr ceidwadol fyddai yn ei gefnogi? Gwir y dywedodd y *Daily Post* ar drothwy'r pôl: 'The contest in Caernarvon is too close to call.'

Y Blaid a Rydd
Derfyn ar bob Rhyfel.

PA BLAID YW HONNO?

Y BLAID LAFUR.

NID OES

GAN WERIN Y CENHEDLOEDD

GWERYL A'I GILYDD.

BYDD

Cynghrair y Cenhedloedd

YN DDIOGEL YN NWYLO'R

BLAID LAFUR.

Cafodd y Pleidiau Eraill eu Cyfle i wneuthur y
CYNGHRAIR yn allu effeithiol, ond
Llesteiriwyd ef trwy eu

Hoerfelgarwch a'i Diystyrwch.

Y BLAID LAFUR YW GOBAITH Y DYFODOL.

PLEIDLEISIWCH TROS

R. T. JONES,

YR YMGEISYDD LLAFUR.

Cyhoeddwyd gan David Thomas, 17, Bont Bridd, Caernarfon, ac Argraffwyd
gan Gwmni y Dinesydd Cymreig, Cyf., 16, Palace Street, Caernarfon.

29 Un o'r amryfal bosteri a luniwyd ar ran R. T. Jones gan David Thomas
yn etholiad 1922 yn sir Gaernarfon.

Tyrrodd miloedd i Gaernarfon ar ddiwrnod y cyfrif, a
phan gyhoeddwyd y canlyniad cafwyd bonllef o gymerad-
wyaeth yn rhengoedd y Blaid Lafur. Cipiodd Jones 53 y cant
o'r bleidlais, gan ennill mwyafrif o 1,609 dros Breese. Ar
lwyfan y Guildhall mynegodd ei lawenydd fod rybelwr
cyffredin wedi cipio'r sedd am y tro cyntaf. Llongyfarchwyd
ef gan Breese, ond rhybuddiodd yr etholaeth rhag eithafiaeth
Llafur. Ymdeithiodd y buddugwr drwy'r etholaeth, ac ym
Mhen-y-groes, lle yr oedd torf fawr wedi ymgynnull i'w
groesawu, dywedodd yn optimistaidd braidd y byddai'n dal y
sedd am byth. Yn ôl y *Carnarvon and Denbigh Herald* bu
chwarelwyr ifainc yn dathlu drwy falu ffenestri
Rhyddfrydwyr amlwg y pentref. Ar fynydd y Rhiw yn Llŷn
taniwyd coelcerth anferth, ac ym Methesda daeth dros
2,000 o bobl ynghyd i longyfarch Jones yn wresog.

Beth, felly, oedd arwyddocâd buddugoliaeth R. T. Jones ac
i ba raddau yr oedd yn drobwynt yn hanes y Blaid Lafur yn
sir Gaernarfon? Yr oedd y wasg Ryddfrydol, a fuasai mor
feirniadol o Breese yn ystod yr ymgyrch, yn sicr mai'r rhwyg
yn y gwersyll Rhyddfrydol a arweiniodd at fuddugoliaeth
Llafur. Meddai'r *Carnarvon and Denbigh Herald* ar 24
Tachwedd:

> The defeat of Major Breese is regrettable and Mr Jones,
> though not an extremist, is bound to the reactionary
> policy of the Labour Party, dominated by the
> Communist element . . . for the first time in history,
> Caernarvonshire is represented by the Labour Party and
> it has to thank the unfortunate division in the Liberal
> ranks for their success.

Ac er i R. T. Jones honni yn *Y Dinesydd* wedi'r etholiad fod y
'fuddugoliaeth' yn un haeddiannol, a bod Llafur wedi ennill
ar sail pleidlais gadarnhaol, yr oedd mwyafrif y papurau o'r
farn mai 'buddugoliaeth negyddol a gafwyd'. Nododd *Y
Genedl Gymreig* fod Llafur wedi ennill oherwydd nad oedd y

'We Frees' wedi trafferthu i bleidleisio, neu am eu bod wedi bwrw eu pleidlais dros Lafur. Honnai'r papur hefyd fod y dosbarth canol proffesiynol, megis athrawon a nyrsys, wedi troi at Lafur oherwydd effaith 'Bwyell Geddes'. Yn ôl y *Manchester Guardian*, yr oedd y 'We Frees' wedi troi at Lafur er mwyn dial ar Breese. Dyna hefyd oedd dehongliad 'Celt' (E. Morgan Humphreys) yn y *Daily Post*: 'Caernarfon is a seat given away by the Coalition Liberals . . . they had had their just reward and had lost the seat through disunity.'

Yn ystod yr un wythnos rhoes *The North Wales Weekly News* y bai ar ddiffyg undod y Rhyddfrydwyr a chwynion cyn-filwyr yn yr etholaeth nad oedd wedi derbyn pensiwn rhyfel cyflawn, heb sôn am athrawon a nyrsys y cwtogwyd eu cyflogau. Tybiai'r papur dyddiol Torïaidd, y *Western Mail*, hefyd mai colli'r sedd a wnaeth y Rhyddfrydwyr, gan alw'r cyfan yn 'débâcle'. Yn ystod post-mortem y Gymdeithas Ryddfrydol, cyfeiriodd Breese at ddiffygion ei blaid:

> They had not paid attention to the electoral registers, they had to field an united Liberal candidate in future and agents and canvassers were required throughout the constituency.

Dengys yr ymateb hwn gan y wasg anlafurol fod elfen gref o wirionedd yn yr honiad mai ffactorau negyddol a arweiniodd at fuddugoliaeth R. T. Jones. Y mae'n amlwg hefyd ei fod wedi pleidio Lib-Labiaeth ac wedi ymwrthod ag unrhyw ddogma sosialaidd yn ystod yr ymgyrch. Felly, er i Jones gipio'r sedd Lafur am y tro cyntaf, buddugoliaeth anghyflawn a gafwyd, ac yn sicr nid buddugoliaeth sosialaidd nac ychwaith ymgyrch a ddangosodd 'a sharp disjuncture with the radical culture of the nineteenth century'. A fyddai ei berfformiad fel seneddwr yn dangos ei liwiau sosialaidd fel un a chanddo fudd a lles y gweithiwr mewn golwg?

Tybiai amryw ei fod yn dal ynghlwm wrth ei gefndir Lib-Labaidd a'i gymedroldeb. Dyna a ddywedwyd yn y *Slate Gazette*, cylchgrawn y perchenogion chwareli yn Rhagfyr 1922:

> If Caernarvonshire had to be represented by a Labour MP we do not suppose that the employers would have preferred anyone to the present member who is generally regarded as one of the best balanced and moderate among trade union leaders.

Ofnai eraill na fyddai'n gwneud unrhyw argraff ar y Senedd. Yn ôl y *Carnarvon and Denbigh Herald*, prin y gellid dibynnu arno i fod yn lladmerydd effeithiol dros y gweithiwr yn San Steffan: 'He has great influence in his union but he is untried in general politics and his career will be watched with the interest that attaches to the unknown.'

Cafodd Jones fis mêl byr iawn yn y Senedd. Ym mis Rhagfyr 1922 ymosododd y wasg Ryddfrydol arno oherwydd ei dawedogrwydd yn y Tŷ a bu raid i'r *Dinesydd* achub ei gam ar 13 Rhagfyr drwy wadu diffygion ei Saesneg a mynnu ei fod yn disgwyl cyfle priodol i draddodi ei araith forwynol. Ond y mae'n amlwg ei fod yn siaradwr cyhoeddus gwan ac yn un a deimlai'n anghyffordus iawn yn Nhŷ'r Cyffredin. Er iddo godi cwestiynau ysgrifenedig, ni siaradodd yn y Tŷ fwy na dwywaith dros gyfnod o ddeng mis, ac yn ei areithiau prin a'i gwestiynau canolbwyntiai ar faterion Ymneilltuol a Rhyddfrydol yn hytrach nag ar gwynion y gweithwyr.

Cyflwynwyd ei gwestiwn seneddol ysgrifenedig cyntaf ddiwedd Rhagfyr 1922, lle y pwysodd ar y Gweinidog Trafnidiaeth i ymestyn rheilffordd y Great Western Railway o Bwllheli i Forfa Nefyn er lles ffermwyr a gwestywyr yr ardal. Cafodd ateb negyddol. Ddeufis yn ddiweddarach, ym mis Chwefror 1923, cyflwynwyd cwestiwn ysgrifenedig arall i'r un gweinidog yn galw am amgenach cyflog i weithwyr ffyrdd y cyngor sir, mater na allai'r gweinidog fynegi barn yn ei gylch. Yna, ym mis Mawrth, galwodd ar y Bwrdd Masnach i ganiatáu pensiwn i chwarelwyr wedi iddynt gyrraedd 65 oed. Ac ym mis Ebrill, yn unol â'i ddaliadau Ymneilltuol cryf, cefnogodd ef a deuddeg aelod arall fesur seneddol preifat a oedd yn gwahardd alcohol yn llwyr. Yn ôl y *Daily Post*, bu ei berfformiad yn y Tŷ hyd fis Ebrill yn 'alaethus': 'He has up to now done nothing and one begins to wonder whether his reputation is to remain purely a local one as it is now.' Cyflwynodd dri chwestiwn ysgrifenedig arall ym mis Mehefin, ynghylch pensiynau, ac un pitw arall ynghylch darparu tŷ bach yng ngorsaf Dolgarrog.

Er bod ei berfformiad yn y Tŷ yn siomedig, gallai esgusodi ei absenoldeb i ryw raddau drwy honni fod ganddo ddyletswyddau undebol cyson yng Nghaernarfon ar adeg pan oedd cryn drafod yn digwydd ynglŷn ag uno Undeb y Chwarelwyr ag Undeb y Gweithwyr Cludiant a Chyffredinol. Ym mis Mawrth 1923 hefyd bu'n annerch nifer o gyfarfodydd yn Llŷn, gan bleidio pensiynau uwch ar gyfer gweision fferm. Bu'r cyfarfodydd hyn yn rhai buddiol, ond i ba raddau yr oedd yn ymgyrchu yn ei etholaeth am nad oedd yn gallu gwneud argraff ar y Senedd? Ym mis Mehefin 1923, wrth annerch cyfarfod o aelodau Llafur gogledd Cymru yn Y Rhyl, cynigiodd y polisi radical o sefydlu Ffederasiwn Llafur Gogledd Cymru a chanddo rymoedd annibynnol ar y Blaid Lafur ganolog. Yn wir, yn ôl y *Daily Post*, aeth ymhellach na hynny drwy ddweud: 'Welsh people were not merely journeymen hewing wood and drawing water. It was time they set their own house in order . . . and got a complete measure of Home Rule for Wales.' Yn ddi-os, byddai R. T. Jones wedi teimlo'n fwy cartrefol yn siarad Cymraeg mewn senedd Gymreig ond, yn ôl y *Daily Post*, go brin fod hunanlywodraeth yn bwnc ymarferol a phoblogaidd: 'It will be interesting to see if Labour can make anything of this question. Can nationalists like R. T. Jones and Robert Richards carry the average English Labour Party members with them? Can they even carry all the South Wales members?'

Ym mis Gorffennaf 1923 cododd Jones gwestiwn arall ac arno flas y cynfyd. Honnwyd bod tri aelod o'r Comisiwn Eglwysig a oedd yn trafod gwaddoliadau'r Eglwys yn ddi-Gymraeg, ac ar ôl hir oedi siaradodd am y tro cyntaf yn Nhŷ'r Cyffredin, nid ar fater sosialaidd, ond yn hytrach ar hawl Cymro Cymraeg i gael gwrandawiad llys yn ei famiaith. Yn ei araith nesaf galwodd am fesurau i wella iechyd chwarelwyr, ac ar 25 Gorffennaf fe'i canmolwyd gan Y Dinesydd am bleidio achos gwŷr y graith. Gorffennodd ei dymor cyntaf yn y Tŷ drwy ofyn cwestiynau ar y dicáu yng Nghymru, pensiynau ar gyfer gweddwon, a'r angen am feiciau addas ar gyfer yr anabl. Cyflwynodd ei gwestiwn olaf ym mis Tachwedd ynghylch y penderfyniad i gau swyddfeydd pensiwn yn ei etholaeth. Ond er gwaethaf yr ymdrechion hyn, y mae'n gwbl eglur na lwyddodd R. T. Jones i serennu yn y Senedd nac ychwaith i fynegi barn sosialaidd.

Ym mis Tachwedd 1923 cafwyd etholiad arall. Yr oedd tasg enfawr yn ei wynebu, o gofio ei berfformiad seneddol siomedig a'i gyndynrwydd i bleidio materion Llafur. Y tro hwn ni allai ddibynnu ar gymorth David Thomas, a wrthododd weithredu fel ei asiant. Bu'n rhaid ei berswadio i gyhoeddi llythyr agored yn Y Dinesydd yn lled-ymddiheuro i'r chwarelwyr am 'nad oeddwn wedi cael nemor ddim cyhoeddusrwydd iddynt yn y Tŷ, ond mynnaf nad oeddwn wedi colli un siawns i ymladd dros bawb a gynrychiolaf'. Honnodd ymhellach ei fod yn 'Asgwrn o'ch Asgwrn a Gwaed o'ch Gwaed ac yn ofni dim'.

Ond er bod ganddo le i bryderu, yr oedd rhai elfennau yn gweithio o'i blaid. Yn gyntaf, nid oes unrhyw amheuaeth

30 Goronwy Owen,
   yr ymgeisydd
   Rhyddfrydol
buddugol yn etholiad
   1923 yn sir
   Gaernarfon.

nad oedd y llif etholiadol o blaid Llafur ac yr oedd Jones eisoes yn dal y sedd. Gallai hefyd honni na chafodd ddigon o amser i wneud llawer dros ei bobl a'i fod yn haeddu ail gyfle. Ond yn sgil yr uniad rhwng Asquith a Lloyd George yr oedd her y Rhyddfrydwyr yn rhywbeth i boeni yn ei chylch. Yr oedd ganddynt ymgeisydd a oedd yn siarad Cymraeg, sef y cyn-filwr, y bargyfreithiwr a'r dyn busnes o Geredigion, yr Is-gadfridog Goronwy Owen, a oedd yn perthyn i Lloyd George drwy briodas. Cynllwyniodd William George a'i frawd er mwyn sicrhau ei enwebiad, er ei fod eisoes wedi colli etholiad yn Derby ym 1922. Bu Owen yn olygydd *Y Gorlan*, cylchgrawn y Cymry yn Llundain, ac yr oedd yn un o hoelion wyth Anrhydeddus Gymdeithas y Cymmrodorion. Yn syth ar ôl ei ddewis yn ymgeisydd, ymosodwyd arno gan un o rigymwyr *Y Dinesydd*:

> Mae hi wedi mynd yn yfflon
> Ar y Librals yng Nghaernarfon
> Pan fo raid mynd draw i Lundain
> I roi hwb i Ronwy Owen
> Oedd yn sâl isho Job
> Oedd yn sal isho Job
> Wedi methu'n lân yn Derby
> Cafodd gyfle yma'n rhodd.

Mewn rhifyn etholiadol arall ymhen wythnos cyhoeddwyd llythyr o Lundain yn gofyn: 'A wnawn ni adael estron i ennill yr etholiad?' Ychwanegodd R. T. Jones at yr ymosodiadau hyn drwy honni yn y *Carnarvon and Denbigh Herald* ar 30 Tachwedd fod Owen wedi ei orfodi ar y sir gan Lloyd George a'i deulu. Ond fel arall y gwelai'r *Daily Post* Rhyddfrydol bethau: 'Goronwy Owen had secured a remarkable coup by winning the nomination and the Liberals, united under the banner of Free Trade, could win the seat.' Yr oedd erthygl flaen *Yr Herald Cymraeg*, ar yr un diwrnod, yr un mor hyderus:

> Owen is an eloquent and cultured speaker in English and Welsh, with his youthful energy and enthusiasm and with his business acumen . . . and unlike the Labour candidate he had had a good war, with his D.S.O. for conspicuous gallantry and his elevation to the rank of Brigadier. He is also a devout Calvinistic Methodist and temperance advocate.

Mantais fawr iddo oedd cefnogaeth Lloyd George, yn enwedig mewn cyfarfod lluosog a gynhaliwyd yn Llandudno lle y'u canmolwyd i'r cymylau gan y dewin o Ddwyfor. At hynny, dangosodd Owen ynni arbennig drwy gynnal cyfarfodydd cyson a chyflwyno maniffesto radicalaidd. Mantais iddo hefyd oedd clywed rhai fel William George ym Mhwllheli, yn ystod wythnos olaf yr ymgyrch, yn honni bod 'y Blaid Lafur yn debyg i'r Comiwnyddion yn Rwsia ac y byddai'r lefi ar gyfalaf yn dinistrio ffermydd o bob maint a busnesau bychain'.

Bu'r ornest yn un ffyrnig a budr, ond yr oedd y wasg Ryddfrydol yn dawel hyderus y byddai Owen yn ennill. Ar 5 Rhagfyr honnodd y *Manchester Guardian* fod Owen wedi dinoethi eithafiaeth Llafur a'i fod wedi dangos sgiliau areithio rhagorach nag areithiau llwyd R. T. Jones. Ymhen deuddydd proffwydodd y papur y câi Owen fwyafrif sylweddol, ac felly y bu. Er i R. T. Jones ennill dros fil yn fwy o bleidleisiau na'r hyn a gafodd ym 1922, cariodd Owen y dydd â mwyafrif o 1,552. Ymfalchïai'r *Carnarvon and Denbigh Herald* yn y canlyniad, a dywedodd y *Daily Post*: 'the electors had no use for a man who wore the badge of Ramsay Macdonald'.

Methodd R. T. Jones ag adennill y sedd yn etholiadau cyffredinol 1924 a 1929. Bu ei yrfa wleidyddol yn siomedig ar sawl cyfrif ac, er iddo roi Llafur ar y map ym 1922, ac ar ôl hir ymdroi uno Undeb y Chwarelwyr a'r Blaid Lafur, methodd â sicrhau parhad llwyddiant ei blaid yn etholaeth Caernarfon. Eto i gyd, yr oedd Jones o leiaf wedi dangos fod y sedd yn enilladwy, ond bu'n rhaid aros tan 1945 i hynny ddigwydd, pan enillwyd hi gan Goronwy Roberts drwy bleidio sosialaeth genedlaetholgar, maniffesto a'i galluogodd i ddal ei afael ar y sedd am ddeng mlynedd ar hugain. Gorffennodd gyrfa wleidyddol R. T. Jones ar nodyn hynod siomedig, a pharhâi amryw o Lafurwyr i amau ei sosialaeth. Daeth diwedd yr un mor drist ar ei yrfa undebol. Ym 1933 cyhoeddodd ei fod yn ymddeol am resymau meddygol a threfnodd yr undeb dysteb iddo. Pan gyflwynwyd iddo'r swm a gasglwyd, gwylltiodd wrth weld mor fychan ydoedd. Yn ôl cofnodion yr undeb, gwrthododd dderbyn yr arian. Dyna ddiweddglo anffodus i yrfa gŵr a wnaeth gyfraniad allweddol i dwf Llafur yng ngogledd Cymru er gwaethaf ei ddiffygion niferus. Ef oedd yr unig chwarelwr erioed i fod yn aelod seneddol yng Nghymru, ac am hynny y cofir amdano yn bennaf.

DARLLEN PELLACH

Trevor Herbert a Gareth Elwyn Jones (goln.), *Wales 1880–1914* (Caerdydd, 1988).

H. D. Hughes, *Y Chwarel a'i Phobl* (Llandybïe, 1960).

Emyr Jones, *Canrif y Chwarelwr* (Dinbych, 1964).

R. Merfyn Jones, *The North Wales Quarrymen, 1874–1922* (Caerdydd, 1981).

Jean Lindsay, Cyril Parry a Mary Aris, *Chwareli a Chwarelwyr* (Caernarfon, 1974).

Kenneth O. Morgan, *Rebirth of a Nation: Wales 1880–1980* (Rhydychen, 1981).

Cyril Parry, *The Radical Tradition in Welsh Politics: A Study of Liberal and Labour Politics in Gwynedd, 1900–1920* (Hull, 1970).

Emyr Price, 'Labour's victory in Caernarvonshire: Goronwy Roberts and the General Election of 1945', *Trafodion Cymdeithas Hanes Sir Gaernarfon*, 63 (2002).

Duncan Tanner, Chris Williams a Deian Hopkin (goln.), *The Labour Party in Wales, 1900–2000* (Caerdydd, 2000).

Angharad Tomos, *Hiraeth am Yfory: David Thomas a Mudiad Llafur Gogledd Cymru* (Llandysul, 2002).

COFIO RHYFEL ANGHOFIEDIG: DEHONGLI A CHYD-DESTUNOLI RHYFEL Y FALKLANDS/ MALVINAS 1982

Gerwyn Wiliams

Y peth ofnadwy oedd meddwl am fachgen ifanc, mab i Gymry yn fan hyn, yn mynd i ryfel ac yn gwybod bod yna fechgyn ifanc o Gymru hefyd yn dod i gwffio ar yr ochr arall. Mae'n beth trist iawn i ni ar y ddwy ochr. Roeddan ni'n poeni amdanon ni'n hunain ac am y Malvinas, ac yn poeni am y bobl ar yr ochr arall hefyd. Roedd y peth i gyd yn boen ofnadwy i mi.

John Benjamin Lewis

Rhyfel byr oedd Rhyfel y Falklands/Malvinas a barodd am ddau fis a hanner ac a ymladdwyd rhwng lluoedd Ariannin a Phrydain rhwng 1 Ebrill a 14 Mehefin 1982. Ond er mor fyr ydoedd, yr oedd yn foment hanesyddol arwyddocaol. Dyma ryfel a ymladdwyd dair blynedd ar ôl methiant y refferendwm ar ddatganoli grym o San Steffan i Gymru a'r Alban, deddfwriaeth a gynrychiolai ymdrech i fodern-eiddio'r cyfansoddiad Prydeinig yn ystod y diweddglo problemus i weinyddiaeth Lafur James Callaghan. Yr hyn a etholwyd yn ei lle ar 6 Mai 1979 oedd llywodraeth adain dde Margaret Thatcher a ganolodd rym ac a ddaliodd ar y cyfle a oedd yn ymhlyg yn Rhyfel y Falklands/Malvinas i frolio mawredd Prydain fel grym ymerodraethol. Afraid dweud bod rhyfel 1982 wedi bod yn halen yn y briw i'r Cymry hynny a gefnogai'r diwygiadau cyfansoddiadol a gynigiwyd ym 1979: cadarnhawyd nid yn unig rym y llywodraeth ganol gan y rhyfel, ond atgyfnerthwyd hefyd y *status quo* Prydeinig, a chariwyd Margaret Thatcher fel rhyw Fuddug fodern ar don o genedlaetholdeb ynysig. At hynny, yr oedd yna ffactor arall ar waith yn Rhyfel y Falklands/Malvinas a oedd o bwys a pherthnasedd Cymreig, sef y berthynas arbennig rhwng Cymru a Phatagonia, y Wladfa yn Ariannin a sefydlwyd ym 1865. Creai hynny'r posibilrwydd y gallai Cymry o'r Gwarchodlu Cymreig orfod codi arfau yn erbyn rhai o dras Gymreig a gonscriptiwyd i frwydro ar ochr Ariannin. Ar sawl ffrynt, felly, ymddangosai fel petai'r hunaniaeth Gymreig dan ymosodiad mileinig, a hynny ar yr union adeg pan oedd hi'n ymdrechu i'w hadfeddiannu a'i hailddiffinio ei hun ar ôl yr ergyd ddamniol i'w balchder ar Ddygwyl Dewi 1979.

Bwriad yr ysgrif hon yw ystyried y deongliadau llenyddol – ar ffurf gweithiau ffuglennol awduron o sifiliaid ac yn ddiweddarach atgofion ffeithiol aelodau o'r lluoedd arfog a'u

teuluoedd – o Ryfel y Falklands/Malvinas. Ceisir hefyd
baratoi cyd-destun ar gyfer y deongliadau hynny ac ystyried
yr hyn a ddywedir am hunaniaeth y Cymry. Am amryw
resymau, ni chafodd y Cymry hi'n hawdd ymateb i ryfel yn
ystod yr ugeinfed ganrif, ond parodd y rhyfel hwn broblemau
neilltuol ac y mae perygl iddo gael ei ystyried yn rhyfel
anghofiedig. Onid yw'n arwyddocaol, o gofio bod y gyfres *Cof
Cenedl* wedi ei lansio ym 1986 ac y cyhoeddir eleni ei hunfed
deitl ar hugain, mai dyma'r tro cyntaf i ysgrif ymddangos o'i
mewn ar y rhyfel hwn? Y mae'n wir nad y Cymry yn unig a'i
cafodd hi'n anodd wynebu realiti'r rhyfel: fel yr awgryma'r
cynhyrchydd ffilm, Paul Greengrass, achosodd ddilema i rai
ar yr adain chwith yn wleidyddol yn Lloegr hefyd: 'There has
been, I think, a conspiracy of sorts to bury the Falklands
experience . . . a national conspiracy born of shame which
prevents us from confronting the realities of that war, and the
fact that, like a junkie, Britain took a lethal fix of jingoism
and xenophobia in 1982.' Ond o leiaf daw'r geiriau hynny o'r
rhagair i *Framing the Falklands*, cyfrol o drafodaethau
amlddisgyblaethol ar genedligrwydd, diwylliant a hunaniaeth
a ymddangosodd ym 1992 ac y rhestrir yn y llyfryddiaeth ar ei
diwedd gwta ddau gant o eitemau unigol, boed ffeithiol neu
ffuglennol, yn trin a thrafod y rhyfel. Ar 10 Tachwedd 2004
rhestrai peiriant chwilio Google 145,000 o gyfeiriadau at
'Falklands War'; cyfatebai 178 o deitlau i'r un ymholiad ar
wefan y llyfrwerthwr *Amazon.co.uk*, a chyfeiriai catalog ar-
lein y Llyfrgell Brydeinig at 57 o gyfrolau a gynhwysai'r
ymadrodd yn eu teitl. Y mae tawedogrwydd y Cymry ynglŷn
â'r rhyfel yn fwy sylfaenol ac yn peri i ni ystyried ei
arwyddocâd. Ai anghyfforddusrwydd a nerfusrwydd yng
gŵydd y rhyfel, ymdeimlad o embaras a chywilydd, sy'n peri
ei bod yn haws peidio â sôn amdano, bron nad awgrymwn, ei
wadu? Ai cyd-ddigwyddiad yw hi mai dim ond yn yr unfed
ganrif ar hugain, dros ugain mlynedd ar ôl i'r rhyfel ddod i
ben, ac yng Nghymru'r Cynulliad sydd wedi ailsefydlu

rhywfaint o hunanfalchder Cymreig, y gallai awdur fel Ioan Roberts gyhoeddi ymdriniaeth mor aeddfed a hyderus â *Rhyfel Ni: Profiadau Cymreig o Ddwy Ochr Rhyfel y Falklands/Malvinas* (2003)?

31 'Gotcha': tudalen blaen anenwog y *Sun*
pan suddwyd y *General Belgrano*, 4 Mai 1982.

'The world did not stop for the Falklands war. It hesitated, perhaps, for five or ten minutes each day as people switched on for the latest bulletin. The war changed the lives of the people who went down to the South Atlantic, it changed the lives of the families of those who are buried down there, but the world kept right on moving.' Dyma eiriau ystyriol a chytbwys y Cymro, Simon Weston, wrth iddo ddwyn i gof y rhyfel yr ymladdodd ynddo ac y dihangodd ohono drwy groen ei ddannedd. Un o'r gynulleidfa a'i gwyliodd am bum neu ddeng munud bob diwrnod oeddwn innau ar y pryd ac y mae gennyf gof clir o wylio'r saga'n datblygu ar sgrin y teledu ac ar dudalennau'r papurau newydd: ymdrechion seithug Alexander Haig, Ysgrifennydd Gwladol America, ar wibddiplomyddiaeth; ymadawiad emosiynol lluoedd arfog Prydain mewn sbloets o faneri Jac yr Undeb ar fwrdd y *QE2* ar ddechrau mordaith o dros wyth mil o filltiroedd i amddiffyn yr ynysoedd ym moroedd De'r Iwerydd a'u 1800 o drigolion; anthem ddolefus Rod Stewart, 'We are Sailing'; Margaret Thatcher yn ei hwyliau mwyaf Churchillaidd yn siarsio newyddiadurwyr, 'Rejoice! Rejoice!' pan ailfeddiannwyd De Georgia gan luoedd Prydain; pennawd di-chwaeth y *Sun*, 'GOTCHA', pan suddwyd llong Archentaidd y *General Belgrano* a thros dri chant o filwyr ar ei bwrdd; a Simon Weston, y milwr cyffredin o gefndir dosbarth gweithiol yn Nelson, Morgannwg, a berthynai i'r Gwarchodlu Cymreig ac a ddioddefodd 46 y cant o losgiadau i'w gorff pan ymosododd awyrlu Ariannin ar y *Sir Galahad* ac y cofnodwyd ei adferiad corfforol ac emosiynol mewn cyfres o raglenni dogfen grymus ar deledu'r BBC.

O ran ei natur bu hwn yn rhyfel corfforol, blêr, ac yn dra gwahanol i'r ddelwedd o ryfel uwchdechnolegol a'r bomio amrediad pell a gysylltir â Rhyfel y Gwlff 1991 a'r rhyfel mwy diweddar yn Irac. Yr argraff a geir o ddarllen yn *Rhyfel Ni* y cyfweliadau â'r rhai a brofodd y rhyfel drostynt eu hunain yw o ryfel cryno, bron na ellid dweud cymunedol ei naws; yn wir, meicrocosm o ryfel lle'r roedd chwaraewyr mawr a mân o fewn cyrraedd i'w gilydd. Dywedodd un sifiliad, Vali James de Irianni, mai 'y Malvinas oedd ein rhyfel *bach* ni' – myfi sy'n pwysleisio'r ansoddair – a chan ei bod yn ymgyrch gymharol fach, crybwyllir enwau cyfarwydd yn ddisylw wrth fynd heibio: bu'r Patagoniad, Milton Rhys, er enghraifft, yn gweithio fel cyfieithydd i bennaeth byddin Ariannin, Cadfridog Menendez, yn gwneud te iddo ac yn pwytho ei sanau yn ogystal â rhannu lletty ag ef yng nghartref y Llywodraethwr Prydeinig gynt, Rex Hunt. Yn y pen draw – yn ôl y ffigurau swyddogol, o leiaf – lladdwyd dros naw cant yn Rhyfel y Falklands/Malvinas; 655 ohonynt o Ariannin a 255 o Brydain, a hyn mewn rhyfel a ystyrid yn ddiangen gan lawer. 'Nott and Galtieri: two bald men squabbling over a comb' oedd y graffiti ar waliau'r ysbyty maes yn Ajax Bay y cyfeiria Simon Weston ato yn *Moving On* (2003), ac mewn llythyr a dderbyniodd oddi wrth John Nott, yr Ysgrifennydd Amddiffyn yn ystod y rhyfel, a hynny ar ôl darlledu *Simon's Heroes* (2002), fel rhyfel diangen y'i disgrifiwyd ganddo yntau.

Ni sonnir yma am y dadlau gwleidyddol rhwng Ariannin a Phrydain a arweiniodd at Ryfel y Falklands/Malvinas, nac ychwaith am yr hanes militaraidd: trafodir y rheini, er enghraifft, gan Max Hastings a Simon Jenkins o safbwynt Prydeinig yn *The Battle for the Falklands* (1983) a chan Martin Middlebrook o safbwynt Archentaidd yn *The Fight for the 'Malvinas'* (1989). At hynny, ceir gan Anthony Barnett yn *Iron Britannia* (1982) ddadansoddiad hynod ddarllenadwy o'r diwylliant gwleidyddol a barodd i Brydain fynd i ryfel. Bu sofraniaeth yr ynysoedd a leolir dri chant a hanner o filltiroedd i'r de o benrhyn eithaf Ariannin yn destun ymrafael ers yr ail ganrif ar bymtheg pan gofnodwyd eu bodolaeth yn ffurfiol gyntaf: fe'i rheolwyd gan Brydain er 1833, ond mynnai Ariannin fod ganddi hawl arnynt fel rhan o'r hen Ymerodraeth Sbaenaidd. Gyda synnwyr trannoeth, sylweddolir bod penderfyniad y Cadfridog Galtieri i feddiannu'r ynysoedd ym mis Ebrill 1982 yn cynrychioli ymgais ar ran ei jwnta filwrol amhoblogaidd i ddal gafael ar rym; bu ymateb Margaret Thatcher, sef anfon tasglu i adfeddiannu'r ynysoedd ar gyfer y preswylwyr o dras Brydeinig, yn gymorth garw i sicrhau ail dymor i'w llywodraeth Geidwadol.

Bu tymor cyntaf Margaret Thatcher yn un trafferthus ac amhoblogaidd; bron iawn na ddyblwyd Treth ar Werth yn ei chyllideb gyntaf cyn mynd ati i gynyddu trethi ym 1981 ar adeg pan oedd Prydain yn profi dirwasgiad. Yng ngeiriau'r newyddiadurwr gwleidyddol John Sergeant, yn ei hunan-gofiant *Give Me Ten Seconds* (2001): 'What she needed to guarantee success in the next election was a good war.' A dyna a gafwyd: rhyfel da a gyfrannodd yn fawr at ei diffinio fel gwladweinydd penderfynol ac unplyg a brofodd gyfres

32 Cartŵn o Margaret Hilda Thatcher gan Elwyn Ioan.

ddigynsail o lwyddiannau etholiadol; rhyfel tramor a roddodd iddi'r hyder i gynnal rhyfel cartref maes o law yn erbyn cymunedau dosbarth gweithiol fel y rhai glofaol yn ne Cymru. Mewn araith a draddodwyd gerbron ffyddloniaid y Blaid Geidwadol mewn rali yng nghae rasio Cheltenham ar 3 Gorffennaf 1982, araith y deuir o hyd i gopi ohoni ar wefan Ymddiriedolaeth Margaret Thatcher neu mewn atodiad i *Iron Britannia*, bu'n dathlu ei buddugoliaeth ac yn ymelwa'n wleidyddol arni. Ynddi aeth ati i gymhwyso'r hyn a ddysgodd o'r profiad – y *'Falklands Factor'*, fel y'i galwodd – at y Brydain a oedd ohoni. Do, brwydrwyd gyda chefnogaeth y gymuned ryngwladol – Cyngor Diogelwch y Cenhedloedd Unedig, y Gymanwlad, y Gymuned Ewropeaidd ac Unol Daleithiau America – ond brwydrodd Prydain hefyd ar ei phen ei hun er mwyn ei phobl ei hun a'i thir sofran ei hun. Yr oedd pobl wedi hen fynd i gredu bod grym Prydain fwyfwy ar drai yn y cyfnod a ddilynodd yr Ail Ryfel Byd: 'that Britain was no longer the nation that had built an Empire and ruled a quarter of the world'. Bellach yr oedd Prydeinwyr wedi profi eu gwerth: 'The faltering and the self-doubt has given way to achievement and pride. We have the confidence and we must use it.' Yr oedd blas diamheuol Churchillaidd ar y rhethreg ac nid yw'n syndod ei gweld yn dyfynnu'n uniongyrchol o araith a draddododd Winston Churchill ei hun drannoeth yr Ail Ryfel Byd. Drwy ddwyn cysylltiad mor amlwg rhwng dau ryfel, ymddangosai fel petai'n hawlio arwyddocâd byd-eang ar gyfer brwydr a oedd yn blwyfol yn ei hanfod. Pa mor rhagrithiol bynnag y swniai ei geiriau yn ddiweddarach yng ngoleuni'r polareiddio cymdeithasol a amlygwyd o ganlyniad i'w pholisïau economaidd, gallai honni bod Prydeinwyr wedi uno i gydweithio yn ystod y rhyfel ac wedi ailddarganfod eu gwir gymeriad: 'we rejoice that Britain has re-kindled that spirit which has fired her for generations past and which today has begun to burn as brightly as before. Britain found herself again in the South Atlantic and will not look back from the victory she has won.'

O safbwynt Cymreig, rhan o'r ddilema wrth archwilio'r rhyfel yw hwn: un peth yw ymwadu â'r cenedlaetholdeb Prydeinig a ddehonglai'r fuddugoliaeth dros yr Archentwyr mewn termau ymerodraethol, ond peth arall yw mynegi gwrthwynebiad i'r math hwn o Brydeindod a threfedigaethu drwy uniaethu â'r Patagoniaid. Wedi'r cyfan, ymgais unfed awr ar ddeg gan lywodraeth unbenaethol i ddal gafael ar rym gwleidyddol oedd ymgyrch Galtieri, ymgyrch nad oedd dim anrhydeddus yn perthyn iddi wrth iddo ecsbloetio ymlyniad pobl Ariannin wrth achos y Falklands/Malvinas i'w ddibenion gwleidyddol sinicaidd ei hun. Yng ngeiriau Anthony Barnett mor gynnar ag Awst 1982, 'Internal control and military expansionism – the Junta's real *raison d'être* for invading the Falklands – had nothing to do with the sentiment of Argentina's population about sovereignty over the Malvinas. On the contrary, the invasion was an attempt to exploit the reasonableness of the country's claim so as to mobilize the issue for other, utterly ignoble aims.' Cynrychiolai methiant lluoedd arfog Ariannin yn y Falklands/Malvinas – a bu'n rhaid i'r rhai a oroesodd dalu'r pris dros gyfnod maith am y methiant hwnnw – yr hoelen olaf yn arch Galtieri ei hun: ym 1983 dymchwelwyd ei lywodraeth ac ailorseddwyd democratiaeth yn y wlad.

Y *digwyddiad* penodol a gydiodd fwyaf yn nychymyg llenorion oedd bomio'r *Sir Galahad*, llong yr oedd milwyr y Gwarchodlu Cymreig ar ei bwrdd, a hithau ar y pryd wedi'i hangori yn Bluff Cove. Hon oedd y golled unigol fwyaf i'r lluoedd Prydeinig drwy gydol y rhyfel: lladdwyd 48 o filwyr, 31 ohonynt o'r Gwarchodlu Cymreig. Ymffurfiodd y drychineb ddadleuol hon, a'r blerwch militaraidd a gysylltir â hi, yn symbol o ddifrod a cholled oesol rhyfel, ac ysgogodd ddeongliadau mor amrywiol â drama radio Greg Cullen, *Taken Out* (1986) a chân Llwybr Llaethog, 'Rhywbeth Bach

yn Poeni Pawb' (1986). Yr *agwedd* neilltuol ar y rhyfel a
ddenodd fwyaf o ymateb oedd y berthynas arbennig rhwng
Cymru a Phatagonia, perthynas a sicrhaodd ddimensiwn
eironig ac unigryw Gymreig i'r gwrthdaro. Dros flwyddyn
wedi i'r rhyfel ddod i ben, yn Eisteddfod Genedlaethol Ynys
Môn yn 1983 cafwyd y mynegiant llenyddol amlycaf i'r
rhyfel yn Gymraeg ar ffurf pryddest goronog Eluned Phillips
a rifiw Myrddin ap Dafydd a Geraint Løvgreen *Tros Ryddid?*
(1983). Y mae darllen adroddiadau'r wasg ar gyfer y cyfnod
hwnnw yn awgrymu'r cyd-destun gwrthfilitaraidd cyfoes y
fframiwyd y ddau destun o'i fewn. Er enghraifft, yn rhifyn
16 Awst 1983 o'r *Cymro* ceir y penawdau: 'Galw am
Bleidlais ar Cruise' a gyfeiriai at y gwrthwynebiad i leoli
taflegrau Cruise Americanaidd ar dir Prydain, 'Cerdded dros
yr Hawl i Fyw mewn Hedd' a gyfeiriai at ymgyrch merched
Comin Greenham yn erbyn lleoliad yr arfau niwclear hynny
mewn gwersyll milwrol yn ne Lloegr, ac 'Y Fali'n Fygythiad'
a gyfeiriai at bryderon mudiad diarfogi niwclear CND
ynghylch safle'r awyrlu yn Y Fali ym Môn.

Afraid pwysleisio bod yr Eisteddfod Genedlaethol yn fwy
nag achlysur cystadleuol: y mae'n fforwm flynyddol ar gyfer
dadleuon diwylliannol a gwleidyddol a, thrwy gyfrwng
seremonïau'r Coroni a'r Cadeirio yn enwedig, rhydd
amlygrwydd mawr i ran y bardd ym mywyd cyhoeddus
Cymreig. Nid yw'n anarferol gweld cerddi ac ynddynt
sylwebaeth gymdeithasol gyfoes yn cael eu gwobrwyo, yn
union fel petai disgwyl i'r bardd roi mynegiant artistig i lais
y Gymru Gymraeg. Bodlonwyd y disgwyl hwnnw ym 1983:
'Yr oedd yn hen bryd i rywun ddatgan teimlad y Cymry ar
ryfel diangen y Malfinas', meddai Nesta Wyn Jones, un o
feirniaid y Goron ym 1983, yn ei sylwadau ar y bryddest
arobryn. Rhannwyd 'Clymau' yn ddwy brif adran, gyda'r
adran gyntaf yn darlunio tenantiaid fferm Pant Glas yn
hwylio ar fwrdd y *Mimosa* ym 1865 i geisio rhyddid
crefyddol a gwleidyddol yn ogystal â golud materol.

Darlunia'r ail adran aelod o'r un fferm dros ganrif yn ddiweddarach yn chwilio am waith yn y fyddin ac yn brwydro yn y Falklands/Malvinas. Yn yr is-adran olaf ceir dau filwr clwyfedig – y Cymro o fferm Pant Glas a glwyfwyd yn ddifrifol ar fwrdd y *Sir Galahad* a milwr o Batagonia – mewn ysbyty dros dro yn San Carlos, y ddau yn arddel clymau Celtaidd ac yn cydnabod eu hetifeddiaeth gyffredin. Yr oedd elfen o risg ynghlwm wrth y diweddglo a'r math o gyfarfyddiad a oedd yn dwyn i gof ddyfais gyfarwydd ym mhrydyddiaeth ryfel oes Victoria a'r Rhyfel Byd Cyntaf, hynny yw, dau filwr Cymreig yn cyfarfod drwy gyd-ddigwyddiad ar dir estron a hynny wedi ei gydamseru â marwolaeth un ohonynt. Fodd bynnag, dyma'r rhan o'r bryddest a chanddi'r potensial creadigol mwyaf cynhyrfus

33 *Syr Galahad* yn wenfflam yn Bluff's Cove, 8 Mehefin 1982.

ac, o gofio'r pwyslais ar fychander y rhyfel hwn, fe'i gwreiddiwyd mewn posibilrwydd: y mae'r nyrs Bronwen Williams yn disgrifio ysbyty yn Port Stanley a rannwyd yn ddwy gan gyrten, gyda chlwyfedigion Prydeinig ar y naill ochr a rhai Archentaidd ar y llall. Naw mlynedd ar ôl y rhyfel, wrth iddo ymbaratoi i ddychwelyd i'r Falklands/ Malvinas a chyfarfod â pheilot Archentaidd awyren y *Skyhawk* a ymosododd ar long y *Sir Galahad*, daeth y senario hon i feddwl Simon Weston yntau: 'maybe he was from Patagonia, from one of those pioneering sheep-breeding families who had moved from Wales a century ago. Maybe we had ancestors in common. Now there was a strange thought'. Ond yn y pen draw, metha'r gerdd â wynebu cymhlethdod a blerwch y berthynas rhwng y ddau filwr o'r ddwy ochr yn y rhyfel, a'r hyn a geir yn lle hynny yw awgrym taclus a braidd yn ddelfrydoledig o gyd-ddealltwriaeth a chymod rhyngddynt. Neges basiffistaidd annadleuol sydd ynddi yn y pen draw: 'Rwyf i yn erbyn rhyfel yn gyfan gwbl ac yn erbyn pob rhyfel ar hyd yr oesoedd', meddai Eluned Phillips mewn cyfweliad yn *Y Cymro* (9 Awst 1983) yn fuan ar ôl ei buddugoliaeth.

Y mae'r gerdd ar ei hyd yn cynrychioli ymateb urddasol ac ymataliol i'r rhyfel, ond sylwebaeth wrthrychol o safbwynt trydydd person sydd ynddi nad yw'n cyfleu trybestod emosiynol goddrychol person cyntaf. A chystadleuaeth y Goron yn aml yn ffenestr siop i gerddi *vers libre*, yr oedd gofyn am gerdd ar fydr ac odl y flwyddyn honno yn gam pur ddadleuol. Mewn datblygiad a ystyrid yn gynyddgar gan feirniaid y gystadleuaeth, ond yn gam yn ôl gan eraill, yr hyn a wnaeth Eluned Phillips oedd ychwanegu gwedd fwy traddodiadol byth at ei phryddest drwy ei chyfansoddi gan ddefnyddio ffurfiau'r Pedwar Mesur ar Hugain ond heb y gynghanedd. Ar y naill law, y mae hynny'n ychwanegu awgrym o oesoldeb a hynafiaeth at yr ymdriniaeth â rhyfel ac yn lleoli'r gerdd o fewn olyniaeth deilwng o gerddi rhyfel y traddodiad barddol Cymraeg. Ar y llaw arall, y mae'r ffurfioldeb artiffisial hwn yn tynnu'n groes i ddeunydd thematig sylfaenol flêr y gerdd. Gellir ei chymharu â cherdd sy'n gwneud defnydd creadigol mwy llwyddiannus o draddodiad wrth drafod yr un rhyfel, sef 'Elegy for the Welsh Dead, in the Falkland Islands, 1982' gan Tony Conran. Ac yntau'n gyfieithydd *The Penguin Book of Welsh Verse* (1967), y flodeugerdd fawr ei pharch o gyfieithiadau o farddoniaeth Gymraeg ar hyd yr oesoedd a ailgyhoeddwyd fel *Welsh Verse* ym 1986, ysgrifennwyd y gerdd goffa hon gan un o'r beirdd mwyaf ymwybodol o'r traddodiad llenyddol Cymraeg sy'n cyfansoddi drwy gyfrwng y Saesneg yng Nghymru. Fe'i darlledwyd gyntaf ar Radio 3, ei hargraffu yn *Blodeuwedd* (1988) a'i hailargraffu yn *Eros Proposes a Toast: Collected Public Poems and Gifts* (1998), ac y mae'r cyfeiriad at gerddi cyhoeddus a'r darllediad radio eto yn gydnaws â natur gyhoeddus barddoniaeth Gymraeg yn draddodiadol. Y mae ei safbwynt yn amlwg wrthymerodraethol: 'Figment of empire, whore's honour, held them. / Forty-three at Catraeth died for our dregs', ond fel yr awgryma'r cyfeiriad at Gatraeth, cyflwynir mordaith ac yna farwolaeth y Cymry ar lun ymgyrch gyfoes gan wŷr y Gododdin: 'Men went to Catraeth. The luxury liner / For three weeks feasted them.' Yn ogystal â chyfleu eu dynoliaeth unigol drwy ddefnydd o enwau priod ('Malcolm Wigley of Connah's Quay; Clifford Elley of Pontypridd; Phillip Sweet of Cwmbach; Russell Carlisle of Rhuthun; Tony Jones of Carmarthen') a hynny ar batrwm *Canu Aneirin* ac englynion coffa R. Williams Parry o'r Rhyfel Byd Cyntaf, y mae Tony Conran yn llwyddo i elwa'n greadigol ar y ddeuoliaeth rymus sy'n ganolog i'r farddoniaeth fore hon o'r seithfed ganrif; hynny yw, arwrgerdd yw'r Gododdin, ond arwrgerdd sydd hefyd yn farwnad i rai a gollodd ryfel. Drwy lunio cerdd o'r fath y mae'n llwyddo i goffáu'r meirwon yn deilwng, gan ei ddatgysylltu ei hun yr un pryd oddi wrth y dehongliad Prydeinig a Thatcheraidd o'r rhyfel fel buddugoliaeth filwrol a gwleidyddol. Y mae'r cymhlethdod persbectif hwn yn sicrhau cerdd sy'n cyffroi yn ddeallusol ac yn ddychmygus.

Sioe lwyfan yw *Tros Ryddid?* a berfformiwyd yn y Theatr Fach ar faes y brifwyl yn Llangefni a'i chyhoeddi'n gyfrol yr un pryd. Cynhwysai'r sgript gyfuniad o areithiau, caneuon, tystiolaeth ddogfennol a deunydd recriwtio, a mynnai'n ddiamwys fod y Cymry wedi eu hecsbloetio ar hyd yr oesoedd i ymladd ym mrwydrau Lloegr. Defnyddir tri chymeriad i gynrychioli tri chyfnod hanesyddol, sef y rhyfeloedd rhwng Lloegr a'r Alban yn yr Oesoedd Canol, y Rhyfel Byd Cyntaf a Rhyfel y Falklands/Malvinas. Canolbwyntia'r gân fwyaf trawiadol a'r un a chanddi'r perthnasedd amlycaf ar y pryd ar gyfarfyddiad honedig rhwng Cymraes Gymraeg o nyrs a Phatagoniad Cymraeg o filwr. Fel yn achos dau filwr Eluned Phillips, y mae'r ddau hyn hefyd yn sylweddoli eironi eu sefyllfa:

> Rwyt yn siarad fy iaith, iaith mam a fy nhad,
> Er hynny yn ymladd rhai o fechgyn fy ngwlad,
> Pa fath o ddynion yw'r rheini a fynn
> Roi dau o'r un teulu mewn congl fel hyn?
>
> Arfogi un brawd yn erbyn ei frawd,
> Gan feddwl bod lifrai yn cuddio pob cnawd,
> A dyma ni'n dau dan ormes dau rym,
> Nad yw hil a pherthynas yn cyfri fawr ddim.

Seiliwyd y gân hon ar gyfarfyddiad go iawn a fagodd drwch o chwedloniaeth a sefydlu iddo'i hun statws eiconaidd yn y cof am y rhyfel. Dyma sut y cyflwynir y gân yn *Tros Ryddid?*:

> Yn ystod Rhyfel y Malvinas daeth nyrs o Bowys ar draws milwr yn lifrai'r Ariannin yn wylo mewn eglwys bren ym Mhort Stanli pan oedd llongau ac awyrennau

Prydeinig yn ymosod ar y dref. O fynd ato, daeth i
ddeall mai Cymraeg oedd ei iaith, a'i fod yn un o blant y
Wladfa.

Fel rhan o'r ymchwil ar gyfer *Taken Out*, bu Greg Cullen yn
cyf-weld aelodau o'r Gwarchodlu Cymreig a oroesodd y
drychineb. Ar ôl i'r Archentwyr ildio yn Port Stanley,
gwasanaethodd y milwyr ar y *Canberra* a oedd yn cludo
carcharorion   Archentaidd   adref.   Mewn   erthygl   a
gyhoeddodd yn *Planet* yn Awst/Medi 1986, cyfeiria at
sgyrsiau rhwng aelodau o'r ddwy ochr ar y pryd: 'None were
more poetic than the Welsh-speaking Argentinians meeting
Welsh-speaking Guardsmen or the Welsh nurse who cried
with a wounded Argentinian when he asked for help in
Welsh.' Tybed nad yr hyn a geir yma yw awgrym o rym
myth, a'r un nyrs bellach wedi'i throsglwyddo drwy chwedl
werin i fwrdd y llong, a'r cyfarfyddiad yn fwy dramatig ac
emosiynol hyd yn oed na'r hyn a ddisgrifir yn *Tros Ryddid?*

34 Carcharorion rhyfel Archentaidd ar ddiwedd y rhyfel.

'Roedd y digwyddiad wedi cael ei or-ramantu', meddai Ioan Roberts, ac un o'i gymwynasau mawr yn *Rhyfel Ni* yw dod o hyd i'r nyrs a'r milwr, sef yr awduron gwreiddiol yn hytrach na'r actorion dirprwyol fel petai, a gwahaniaethu rhwng ffuglen a ffaith. Nyrs a hanai o gefndir Ymneilltuol yng Nghymru oedd Bronwen Williams; o Flaenau Ffestiniog y deuai ei thaid a'i nain, a gwasanaethodd ei thaid fel gweinidog yn Y Trallwng. Yn sir Drefaldwyn y ganwyd ei thad, ond yn Llundain y treuliodd y rhan fwyaf o'i oes yn dilyn gyrfa fel deintydd; dychwelodd ei rhieni i ganolbarth Cymru ac i bentref Cegidfa ger Y Trallwng ar ôl iddynt ymddeol. Ni siaradai hi Gymraeg ac y mae bellach wedi dychwelyd i'r ynysoedd i fyw ar ôl priodi. Cyfarfu â Milton Rhys pan ddaeth i addoli i'r eglwys Anglicanaidd yn Port Stanley:

> Roedd o'n deimlad rhyfedd ofnadwy. Y fath gyd-ddigwyddiad. A fedrwn i ddim peidio meddwl hefyd, tybed ai'r math yma o gysylltu rhwng pobol fydd yn helpu i leddfu briwiau ar ôl rhyfeloedd ac i hyrwyddo heddwch rhyngwladol. Roeddwn i'n teimlo'n bod ni mewn sefyllfa oedd yn llawer mwy, ac efo oblygiadau llawer ehangach na'r hyn oedden ni'n hunain yn ei chanol hi yn y gymuned honno.

Y mae profiad Milton Rhys hefyd yn rhybudd bod modd gorbwysleisio Cymreigrwydd Rhyfel y Falklands/Malvinas: 'Trwy'r rhyfel ddaeth Milton ddim ar draws unrhyw filwyr, ar y naill ochr na'r llall, oedd yn siarad Cymraeg. Ei unig gysylltiad â Chymru oedd cyfarfod Bronwen yn yr eglwys.' Dadfytholegir, dadramanteiddir a dadsentimentaleiddir y cyfarfyddiad rhwng y nyrs a'r milwr gan Ioan Roberts. Fodd bynnag, yr hyn sy'n amlwg yw arwyddocâd y cyfarfyddiad i'r ddau: 'Mi wnaeth cyfarfod Bronwen i mi sylweddoli mor hurt oedd y sefyllfa oedden ni ynddi yn y rhyfel', meddai Milton Rhys.

Yn wahanol i 'Clymau', nid yw *Tros Ryddid?* yn ceisio urddasoli'r profiad o Ryfel y Falklands/Malvinas na thacluso'i flerwch, ac efallai ei fod, o ganlyniad, yn fwy triw i natur y rhyfel hwnnw. Bron nad yw'r isdestun gwleidyddol gwrth-Brydeinig yn hawlio'r prif sylw ar glawr *Tros Ryddid?*, gyda'i ddelwedd ddiamwys o faner Jac yr Undeb waedlyd. Defnyddiwyd yr un ddelwedd yn union ar glawr *Herio'r Oriau Du* gan Tecwyn Ifan yr un flwyddyn, casét a record hir o'i ganeuon a gynhwysai 'John Bull' a'i chyfeiriadau beirniadol at y rhyfel. Y mae *Tros Ryddid?* yn waith creadigol llai urddasol ac ymataliol na 'Clymau'. Y mae'n fwy cecrus ac amharchus, ond nac anghofiwn am ei *genre*: hynny yw, enghraifft ydyw o theatr *agitprop* ymgyrchol – fe'i disgrifiwyd gan un adolygydd fel 'dogfen ddidactig, Brechtaidd bron' – a luniwyd yn ddiamwys er mwyn sgorio pwyntiau gwleidyddol gerbron cynulleidfa fyw. O ganlyniad, tuedda i gyflwyno dehongliad symleiddiedig, stereoteipaidd a rhagweladwy safbwyntiol o'r sefyllfa. Er iddynt wisgo'u safbwynt cenedlaetholaidd ar eu llawes – a Phlaid Cymru oedd yr unig blaid wleidyddol i wrthwynebu'r rhyfel yn swyddogol – yn eu rhagair i *Tros Ryddid?* y mae'r awduron yn annog mwy o ymchwil i'r maes, a theyrnged i eangfrydedd Myrddin ap Dafydd yw mai ei dŷ cyhoeddi ef ei hun, sef Gwasg Carreg Gwalch, a fyddai'n cyhoeddi *Rhyfel Ni* yn 2003 lle y datgelwyd y gwir ynghylch y cyfarfyddiad rhwng y nyrs a'r milwr y seiliwyd arno'r gân 'Yn Dewach na Dŵr'.

Afraid dweud bod y Falklands/Malvinas yn bwnc a chanddo botensial ffrwydrol. Enillwyd cadair Eisteddfod Daleithiol Powys ym 1983 gan Peredur Lynch gydag awdl am y rhyfel, un a gyhoeddwyd yn *Barddas* (Ionawr 1984) ac a gododd gryn stŵr yn ôl adroddiad yn *Y Cymro* (8 Tachwedd 1983). Er na fedrai'r Gymraeg, ymosodwyd arni gan weinidog Methodist o'r Trallwng a fynnodd mai 'hurtrwydd yw i unrhyw un ddweud mai rhyfel

imperialaidd Seisnig oedd hwn' ond a dynnodd ei eiriau yn
ôl wedi iddo dderbyn cyfieithiad o'r gerdd: 'Mae'r gerdd yn
darllen fel un o gerddi Rhyfel Byd Cyntaf Wilfred Owen',
meddai. Ymddengys, felly, ei bod yn dderbyniol dehongli'r
rhyfel fel enghraifft a symbol o oferedd oesol rhyfel, a dyna a
fyddai'n nodweddu dull y llenorion Cymraeg a ymatebai
iddo'n ddiweddarach. Ar ôl yr ymatebion gweddol gynnar i'r
rhyfel, dim ond yn achlysurol iawn y cyffyrddodd awduron
Cymraeg â'r pwnc wedyn, a hynny gan ganolbwyntio ar
oblygiadau dynol y rhyfel a chan osgoi archwilio'i
arwyddocâd gwleidyddol eang rhagor pleidiol. Monolog gan
Angharad Jones a ddarlledwyd gyntaf ar *Heno, Heno* HTV ac
a gyhoeddwyd yn y cylchgrawn llenyddol byrhoedlog *A5*
(Haf 1986) yw 'Gwraig ifanc â'i gŵr wedi dychwelyd o'r
Falklands gydag anafiadau difrifol'. Stori fer gan Martin
Huws yw 'Sgrech Rhyfel', stori deitl i'w gyfrol a
ymddangosodd yn 2001, a honno wedi ei hysgrifennu o
safbwynt cyn-filwr ar fwrdd y *Sir Galahad* sy'n dal i
ddioddef o *PTSD – Post Traumatic Stress Disorder –*
flynyddoedd yn ddiweddarach. Teledwyd y ddrama Saesneg,
Mimosa Boys, gan Ewart Alexander a than gyfarwyddyd
John Hefin gan y BBC ym 1985, sef hanes criw o filwyr
Cymreig a gymerodd ran yn y rhyfel. Aed i'r afael hefyd â
chyfwng y milwr o gefndir dosbarth gweithiol Cymreig sy'n
ei gael ei hun yn gwasanaethu yng ngogledd Iwerddon
mewn ffilm galed a graffig a gyfarwyddwyd gan Karl Francis,
Milwr Bychan, ym 1986, ffilm a ddisgrifir ar wefan S4C fel
un 'gref a chythryblus' sy'n 'canolbwyntio ar frwydr milwr
o Gymru am ei hunaniaeth o fewn Byddin Prydain yng
Ngogledd Iwerddon'. Ond er bod y ffilm honno'n cyffwrdd â
rhai o themâu cyfarwydd Rhyfel y Falklands/Malvinas a bod
hynny'n ychwanegu at ei pherthnasedd cyfoes, nid
ailymwelwyd yn uniongyrchol â'r Falklands/Malvinas
mewn darn o lenyddiaeth neu lunyddiaeth estynedig,
archwiliol a heriol – nofel yn archwilio cyflwr y genedl,

dyweder. Bu'n rhaid dibynnu ar gyfieithiad i'r Gymraeg o ddrama lwyfan Tony Marchant, *Welcome Home* (1983), a lwyfannwyd gan gwmni Dalier Sylw ym 1996 dan y teitl *Croeso 'Nôl* i lenwi ychydig bach ar y bwlch. O'r herwydd gadawyd gwagle a gagendor o dros ugain mlynedd rhwng deongliadau awduron o sifiliaid o'r rhyfel yn fuan ar ôl iddo ddod i ben, a'r cyfweliadau gyda rhai a gymerodd ran yn y rhyfel ac a effeithiwyd yn uniongyrchol ganddo yn *Rhyfel Ni* yn 2003.

Yn ogystal â'r cyferbyniad amlwg rhwng maint a graddfa, ffactor arall a wahaniaethai Rhyfel y Falklands/Malvinas oddi wrth ddau ryfel byd yr ugeinfed ganrif yw'r ffaith mai aelodau proffesiynol o'r lluoedd arfog a ymladdai ynddo yn hytrach na rhai a gonsgriptiwyd. Y mae'r ffaith fod sifiliaid megis Cynan a W.J. Gruffydd yn ystod y Rhyfel Byd Cyntaf ac Elwyn Evans ac Alun Llywelyn-Williams yn yr Ail Ryfel Byd wedi profi bywyd milwrol yn golygu bod gennym gorff o weithiau creadigol a dynnai ar eu profiadau rhyfel. Rhyfel a ymladdwyd gan fyddin broffesiynol yn ystod 'cyfnod heddwch' oedd Rhyfel y Falklands/Malvinas ac felly nid oes dim byd tebyg ar gael yn Gymraeg i wrthbwyso darluniau sifiliaid – y math o beth y cyfeiriwyd ato gynnau – o Ryfel y Falklands/Malvinas. Canlyniad anffodus hynny, er efallai'n anfwriadol, yw bod perygl i sifiliaid fynd i siarad yn nawddoglyd ac yn rhagdybus dros y rhai a gymerodd ran yn y rhyfel. Dyna un gwall a gywirwyd, o'r diwedd, gan *Rhyfel Ni* oherwydd, yn ogystal â rhoi llais i rieni a newyddiadurwyr, y mae'r gyfrol honno hefyd yn rhoi llais i rai o'r milwyr a'u teuluoedd, ar ddwy ochr yr Iwerydd, a brofodd y rhyfel hwnnw drostynt eu hunain. Y mae'n cyflawni swyddogaeth debyg i'r un y cyfeiria Tim Wilcox ati pan yw'n trafod yn *Framing the Falklands* y therapi celf a brofasai rhai o ymladdwyr y rhyfel a ddioddefai o PTSD: 'these images seize back the representation of the war from the cultural milieu of those who proposed to speak on behalf of those who fought'. Yr hyn y mae'r dystiolaeth hon o lygad y ffynnon yn ei gyflwyno yw persbectif newydd ar y rhyfel yn Gymraeg.

A anesmwythwyd y milwyr Cymreig hynny o gwbl gan y posibilrwydd y gallent fod yn codi arfau yn erbyn Patagoniaid yr hanai eu teuluoedd o Gymru? O hwylio i 'gwrdd â'r gelyn', a barodd y posibilrwydd y gallai'r gelyn hwnnw hanu o Gymru a'i fod yn siarad Cymraeg unrhyw ddilema iddynt? Dyma ran o brofiad Michael John Griffith, Cymro Cymraeg o Sarn Mellteyrn, Pen Llŷn, y gwelir Draig Goch yn cyhwfan ar bolyn ger ei gartref:

> Mi o'n i'n gwybod rhywfaint o hanes y Cymry ym Mhatagonia ond do'n i ddim yn sylweddoli'r adeg honno bod Patagonia'n rhan o Argentina . . . Ond taswn i'n gwybod bod yna hogia Cymraeg ar yr ochor arall, fasa hynny ddim wedi gneud unrhyw wahaniaeth. Deunaw oed o'n i ar y pryd, ond mi fasa pawb sy' wedi bod mewn rhyfel yn deud yr un fath. Waeth ichi heb â bod yno os ydach chi'n mynd i ddechra meddwl 'mae'n siwr bod gin yr hogyn yma frawd neu chwaer yn rwla, neu ella bod ganddo fo wraig adra sydd newydd gael babi'. Ac yn yr un ffordd, waeth ichi heb â meddwl ella bod ei hen daid o'n dwad o Gymru. Rhyfel oedd o, a dyna fo.

Digon tebyg oedd profiad Wil Howarth o Amlwch, un o'r tri aelod olaf o blith y Gwarchodlu Cymreig i ddod oddi ar y *Sir Galahad* yn fyw:

> Mi ddeudon nhw wrthon ni ar y llong ar y ffordd draw bod hynny'n bosib [h.y. 'y gallasai Cymry fod ar yr ochr arall']. A mi o'n i'n cofio dysgu pan o'n i'n yr ysgol am Patagonia, amdanyn nhw'n mynd o Ynys Môn a llefydd eraill am bod nhw wedi cael eu hambygio gan y Saeson a hyn a'r llall. Mi oedd o'n beth gwirion i'w feddwl ar y ffordd allan, be tasat ti'n cyfarfod rhai o'r bobol yma, a

rheini'n siarad yr un iaith? Ella basat ti'n lladd perthynas
i ti dy hun, ti ddim yn gwbod. Ond y peth ydi, pan mae
rhywun mewn rhyfel fedri di ddim fforddio gadael i
ddim byd gwan fod yn dy feddwl di, sgin ti ddim dewis
ond cario ymlaen. Tasa ti'n joci mewn Grand National
ti'n gorfod curo, gorfod curo. Does 'na ddim 'ifs, buts,
maybes', ti'n gorfod cario mlaen.

Yn unrhyw ryfel, os wyt ti'n rhoi gwn i hogyn pedair
ar ddeg oed, yr oll mae'n gorfod 'wneud ydi tynnu'r
triger. Dim ots bedi'r gelyn, dwyt ti ddim yn stopio a
meddwl faint ydi'i oed o neu pwy ydio cyn 'i saethu fo.
Dwyt ti ddim yn meddwl am y peth, achos chdi fasa
wedi'i chael hi fel arall. 'Ours not to reason why, ours
just to do or die.' Fedri di ddim fforddio cael cydwybod
wrth fynd i ryfel.

Dyna un o'r ymatebion gonestaf y gwn i amdanynt yn
Gymraeg, yn sicr yn y cyfnod modern diweddar, o adrodd y
gwir plaen am swydd y milwr. Dyletswydd y milwr yw
gweithredu – gweithredu'n ufudd i'w orchmynion – nid holi
a stilio ynghylch cyfiawnder a moesoldeb y frwydr y mae'n
cymryd rhan ynddi. Mynegodd Grahame Davies yntau'r gwir
plaen yn ei adolygiad ar *Rhyfel Ni* pan ddywedodd am y
rhyfel: 'Er bod elfen Gymreig iddo, nid rhyw lwyfan i frwydr
ddirprwyol dros hunaniaeth Gymreig mohono . . . digon
ymylol [fu'r] cysylltiadau Cymreig i'r rhai a gyffyrddwyd gan
y rhyfel . . . brwydro'n ufudd ac o argyhoeddiad yr oedd y
ddwy ochr er gwaetha'r cysylltiadau Cymreig.'

Awgrymwyd eisoes na chafodd y Cymry hi'n hawdd trafod
y profiad o ryfel yn ystod yr ugeinfed ganrif, ac efallai fod yr
anhawster hwnnw yn egluro'n rhannol paham yr
ymddangosodd eu hatgofion am ryfel yn gymharol hwyr. A
siarad yn gyffredinol o hyd, synhwyrir rhyw islais edifeirol yn
rhai o'r cyfrolau atgofion hynny, bron fel petai'r adroddwr
mewn cyffesgell yn syrthio ar ei fai am y rhan a gymerodd
mewn rhyfel. Yn yr ystyr honno y mae'n dal i frwydro – gyda

dadleuon moesol, diwylliannol a gwleidyddol: yr oedd tyndra rhwng ei Gymreictod a Phrydeindod, ac anghysonder rhwng dysgeidiaeth heddychlon y capel a'r profiad o orfod codi arfau. Nid pawb a allai egluro ei gymhellion dros ymuno â'r lluoedd arfog yn ystod yr Ail Ryfel Byd gydag eglurder D. Gwyn Jones yn y gyfres o raglenni dogfen, *Cymru 2000* (1999), a ddarlledwyd ar S4C: 'Doeddwn i ddim am i ddim byd ddigwydd i Gilfynydd fel a ddigwyddodd i bentrefi bach yn yr Iseldiroedd ac yn Ffrainc ac yn y blaen. Cyn belled ag oeddwn i yn y cwestiwn, doedd e – Hitler – ddim yn cael dod yno. Roedd e'n rhywbeth personol mewn ffordd.' Efallai mai arwydd yw hyn o'r cymathu diwylliannol a hybwyd gan y profiad o ddau ryfel byd, ond nid oes dim yn edifeirol nac yn ymddiheurol am eiriau'r milwyr yn *Rhyfel Ni* sy'n cyfeirio at ryfel a berthyn i chwarter olaf yr ugeinfed ganrif, geiriau sy'n agoriad llygad i swydd y milwr proffesiynol yng nghanol realiti rhyfel modern. Mynnodd Wil Howarth dyngu llw i'r Frenhines yn Gymraeg pan ymunodd â'r Gwarchodlu Cymreig yn un ar hugain oed, ac ymfalchïai yn yr anrhydeddau militaraidd a enillodd ei daid yn y Rhyfel Byd Cyntaf a'i ewythr yn yr Ail Ryfel Byd. Hynny yw, fe'i gwêl ei hun fel rhan o olyniaeth, dolen o fewn traddodiad, ac arddela amryw hunananiaethau fel Cymro, Prydeiniwr a milwr. A'i awgrym cryf yw nad oedd ystyriaethau ynghylch hunaniaeth – yng nghanol rhyfel yr oedd dadleuon ynghylch hunaniaeth a thiriogaeth yn ganolog iddo – yn berthnasol iddo ef fel milwr cyffredin yng nghanol y busnes pragmataidd o frwydro.

Y Cymro yn anad yr un arall a gysylltir â Rhyfel y Falklands/Malvinas yw Simon Weston: onid ei wyneb llosgedig ef yw un o'r delweddau a ddaw gyntaf i'r meddwl wrth gofio am y rhyfel? Daeth yn symbol ac yn ymgorfforiad o'r rhyfel, ac yn ei dair cyfrol hunangofiannol, a gyhoeddwyd rhwng 1989 a 2003, ymfalchïa yn ei fagwraeth ym mhentref Nelson a hefyd yng Nghymru, ei wlad. Yn ei hunangofiant cyntaf, *Walking Tall* (1989), ceir

35 Simon Weston, brodor o Nelson
ac aelod balch o'r Gwarchodlu Cymreig.

cyfres o ffotograffau, yn eu plith llun a dynnwyd ar fwrdd y
QE2 tra oedd yn hwylio i Dde'r Iwerydd. Llun ydyw ohono
ef a thri o'i ffrindiau pennaf yn y fyddin. O'r pedwar, ef yn
unig a oroesodd yr ymosodiad ar y *Sir Galahad* a thrafoda ar
fwy nag un achlysur yr ymdeimlad o euogrwydd a'i
meddiannodd oherwydd hynny. Yr hyn y mae'r pedwar yn ei
ddal, gyda'r un balchder ag unrhyw dîm rygbi neu gôr
Cymreig ar daith dramor, yw baner y Ddraig Goch, gydag
enw dinas Bangor ar ei gwaelod. Pwy a feiddiai amau
dilysrwydd Cymreictod y rhain? Nid awgryma Simon
Weston am funud fod anghysondeb rhwng ei wladgarwch a'i
aelodaeth o'r fyddin: i'r gwrthwyneb, ymfalchïa yn ogystal
yn ei aelodaeth o'r Gwarchodlu Cymreig a roddodd iddo
ddisgyblaeth, sialens ac antur. O safbwynt hunaniaeth a
chenedligrwydd, fe'i hystyriai ei hun yn Gymro, yn
Brydeiniwr ac yn Frenhinwr. Meddai ar synnwyr
dyletswydd clir o safbwynt ei ran yn y rhyfel o'i flaen:

> We were sailing south in the belief that it was only fair
> and right to protect the freedom of British subjects. If
> we didn't stand by them in their hour of need, we
> would be failing them. If we believed in freedom
> ourselves, we had no choice. I had joined the Army and
> had signed on the dotted line. I had to obey orders. I had
> never thought that I would actually go to war – but
> then, who had?

Nid oes unrhyw amheuaeth yn ei feddwl ef nad dros ryddid
y collasant eu gwaed. Yn nwy gyfrol gyntaf ei hunangofiant,
Walking Tall a *Going Back* (1992), deil yn argyhoeddedig
bod y rhyfel y cymerodd ran ynddo yn un cyfiawn. Erbyn
cyhoeddi'r drydedd gyfrol, *Moving On*, yn 2003, y mae o'r
farn ei fod yn rhyfel diangen ac fe'i dadrithiwyd yn llwyr
gan Margaret Thatcher. Ond er bod cyflwr creithiog ei gorff
yn atgof dyddiol o'r pris a dalodd oherwydd y rhyfel, y
mae'n brwydro'n galed yn erbyn y ddelwedd ohono'i hun fel

dioddefwr er mwyn ceisio ei weld ei hun fel goroeswr: 'Instead of seeing myself as a victim, I began to see myself as somebody who was lucky.'

Mewn gair, y mae darluniau'r tri milwr hyn ohonynt eu hunain yn dra gwahanol i ddarluniau'r llenorion ohonynt fel dioddefwyr a gamarweiniwyd ac a ddaliwyd mewn rhyfel a âi'n groes i'w Cymreictod. Dyma dystiolaeth sy'n difetha taclusrwydd cysurlon darluniau o'r fath. Wrth baratoi'r ysgrif hon ymddangosodd *Rhaid i Bopeth Newid* (2004), nofel gyntaf y bardd a'r newyddiadurwr Grahame Davies. Nofel ydyw sy'n mabwysiadu strwythur bur uchelgeisiol ac yn cyfosod hanes Simone Weil rhwng y ddau ryfel byd yn Ffrainc gyda hanes Meinwen Jones, ymgyrchwraig iaith ddychmygol yng Nghymru'r unfed ganrif ar hugain. Cymru'r Cynulliad yw honno, Cymru newydd sy'n gorfodi Meinwen a'i chymheiriaid i ailystyried eu holl strategaeth a'u tacteg ac sy'n mynnu eu bod yn magu cyfrwystra gwleidyddol. Ystyrier y dyfyniad llwythog hwn:

> Dyma oedd y fersiwn o hanes Cymru a gredid fel efengyl gan y rhai y treuliodd Meinwen ei bywyd bron yn gyfan gwbl yn eu plith, fersiwn lle y gosodwyd yn dawel o'r neilltu bob llafurwr, pob ceidwadwr, pob milwr a phob brenhinwr, fersiwn lle roedd gwladweinwyr byd-eang fel Lloyd George ac Aneurin Bevan yn llai na llwch yn y glorian, a lle roedd ffigurau fel Saunders Lewis yn rhychwantu'r byd fel coloswr. Hidlwyd cymysgedd blasus a chymhleth hanes y wlad drwy ridyll main anghydffurfiaeth, heddychiaeth a chenedlaetholdeb nes distyllu hylif clir, claear, di-wenwyn, di-alcohol a diniwed – elicsir a gadwodd rai fel Meinwen yn fythol ieuanc ac yn fythol grediniol y delai'r dydd pan fyddai cenedlaetholdeb yn sgubo'r wlad a'r iaith yn cael ei hailorseddu.

Mor gryf yw'r 'fersiwn o hanes Cymru' fel nad yw'n cydnabod yr anghysonderau a'r tensiynau o'i fewn: y ffaith,

er enghraifft, nad Anghydffurfiwr ond un a droes at
Gatholigrwydd oedd Saunders Lewis a'i fod ymhell o fod yn
heddychwr! Amlinelliad cartŵn, darlun gormodieithol, sydd
gan Grahame Davies, efallai, ac eto onid yr hyn a welir o
gyfosod deongliadau llenyddol sifiliaid o Ryfel y Falklands/
Malvinas â thystiolaeth y rhai a'i profodd drostynt eu
hunain, yw mor ddethol a rhannol y gall y darluniau o
Gymru a'r delweddau o Gymreictod fod? Enghraifft o leihad
yw'r awgrym 'nad yw hunaniaeth bob amser yn ddu a gwyn'
yn *Rhyfel Ni*, ond onid yw'r cymhlethdod a awgrymir
ynghylch hunaniaeth a chenedligrwydd Cymreig yn cynnig
maeth yn hytrach na bygythiad i'r meddwl a'r dychymyg
Cymreig?

Cymro Cymraeg a'i cafodd ei hun mewn sefyllfa unigryw
yn ystod y rhyfel oedd Russell Isaac, newyddiadurwr gyda
HTV a siaradai Sbaeneg ar ôl treulio cyfnod ym Mhatagonia
er mwyn astudio ar gyfer gradd uwch. Mewn cyfweliad yn
Rhyfel Ni, eglurodd yr hyn yr oedd yn ceisio ei wneud drwy
gyfrwng ei ddarllediadau newyddion 'annibynnol' ar y pryd
a gynrychiolai 'bron yr unig beth dyddiol oedd yn cymryd
rhyw fath o safbwynt gwahanol i'r sbin Prydeinig oedd yn
digwydd ynglŷn â'r holl helynt':

> Treio dangos bod ganddon ni'r Cymry gyswllt arbennig
> iawn iawn i lawr yna a bod y bobol yma'n teimlo'r un
> peth; eu bod nhw'n gweld Cymru ar wahân i Loegr, ar
> wahân i Brydain, ac yn treio cynnal eu diwylliant a'u
> Cymreictod oherwydd y cysylltiad hanesyddol hwnnw
> . . . bod yna bobol yn meddwl mewn ffordd arall, y tu
> hwnt i'r propaganda, tu hwnt i'r rhethreg, tu hwnt i'r
> jingoistiaeth.

Ond beth am ymateb y brodorion eu hunain, y rhai a
ddaliwyd yng nghanol y rhyfel? Byddai dyn yn disgwyl
ymateb cadarnhaol i Ryfel y Falklands/Malvinas gan filwr
proffesiynol a ymladdodd ynddo, a phan holwyd Julio Oscar

Gibbon o Esquel a fu hi'n werth mynd i'r ynysoedd i ymladd, yr oedd ei ateb yn ddiamwys: '*Si, si, si*. Mi es yno i gynrychioli fy ngwlad, i amddiffyn fy ngwlad a fy maner. Es yno i gynnig fy mywyd.' Enynnodd yr ymateb hwn gymeradwyaeth y cyfieithydd a arferai ei ddysgu pan oedd yn ddisgybl cynradd: 'Da fachgen, mi ddysgais i hyn'na i ti yn yr ysgol!' Yr oedd mab Benja a Lila Lewis yn awyddus i fynd i frwydro yn y rhyfel: fe'i haddysgwyd mewn coleg milwrol, a hanai o Comodoro Rivadavia lle yr hyfforddid milwyr ifainc ar gyfer y rhyfel. Mater o falchder ydoedd yn ei achos ef, fel yr awgryma'i ateb sy'n dwyn i gof un o bosteri recriwtio Saesneg y Rhyfel Byd Cyntaf: 'Be dwi'n mynd i ddeud wrth fy mhlant pan fyddan nhw'n gofyn "Lle oeddat ti Dada yn amser rhyfel y Malvinas?".' Ond ni fu ymateb yr Archentwyr i'r rhyfel yn gwbl unffurf ac unochrog ychwaith, ac nid milwyr Prydain yn unig na wyddai am leoliad ynysoedd y Falklands/Malvinas: cyfeiria Milton Rhys at rai o'r bechgyn a fagwyd ar y paith fel diniweitiaid go iawn:

> . . . erioed wedi gweld y môr na theithio ar gwch nac awyren, heb fawr o addysg a rhai ddim hyd yn oed yn gallu sgwennu eu henwau. Ac yn sydyn dyma nhw mewn rhyfel. Yn erbyn pwy? Prydeinwyr? Ewropeaid? Ymladd am beth? Y Malvinas? Lle mae fan'no? Doedden nhw erioed wedi clywed am y lle o'r blaen . . .

A hyd yn oed i sifiliad, Iris Sbannaus, a gredai'n angerddol mai eiddo Ariannin oedd yr ynysoedd – 'dan ni'n teimlo mai ni piau'r Malvinas. Dyna ydan ni wedi'i ddysgu a dyna ydan ni'n ei gredu yn gywir' – byddai weithiau'n amau eu gwerth: 'weithia dwi'n meddwl be dan ni isio'r blincin ynysoedd, maen nhw'n hyll ac mae 'no gymaint o wynt'. Teimlo ei fod wedi ei dwyllo yr oedd Carlos Eduardo ap Iwan, Trelew, a fu'n brwydro yn y rhyfel fel consgript pedair ar bymtheg oed: 'Roedd o'n brofiad mor ofnadwy, a llawer o ddiodde i ddim byd.' Yn ôl Milton Rhys, yr oedd dros dri chant o filwyr Ariannin wedi cyflawni hunanladdiad neu wedi marw drwy oryfed o ganlyniad i'r rhyfel, a bwriodd ei lach ar y llywodraeth am ei diffyg cymorth i'r rhai a wasanaethodd ynddo. Y mae hon hefyd yn thema gan Simon Weston: er y meini tramgwydd y llwyddodd ef ei hun i'w goresgyn, cyfeiria yn *Moving On* at y ffaith fod mwy o oroeswyr wedi gwneud amdanynt eu hunain ers diwedd y rhyfel nag a laddwyd yn y gwrthdaro ar y pryd, ac at fethiant aelodau'r lluoedd arfog i ennill iawndal ar ôl yr hyn a ddioddefasant. Cyfeiria Horacio Jose Kent, Trelew, at y driniaeth siabi a ddioddefodd milwyr Ariannin yn ystod y rhyfel, at y prinder bwyd i'r milwyr ac at filwyr yn marw o *botulism*, at y pymps a wisgai milwyr Archentaidd ar eu traed a'r ffaith mai recriwtiaid dihyfforddiant oedd amryw ohonynt. Mor ddiweddar â 7 Hydref 2004 cafwyd eitem ar wefan *Antiwar.com* a gynhwysai adroddiad papur newydd gan Marcela Valente, 'Argentina Finally Recognizes Veterans of Falklands War', a gyfeiriai at gynyddu'n sylweddol y pensiwn a delid i feteraniaid y rhyfel hwnnw a oedd yn dal i beri dioddefaint a marwolaeth ddwy flynedd ar hugain yn ddiweddarach.

Wrth gyfeirio at gefnogaeth gyffredinol yr Archentwyr i'r rhyfel, dywed Lila Lewis eu bod wedi dod i ddeall wedyn 'mai celwydd oedd y cwbwl. Mae 'na rywbeth yn sofft yn yr Argentino. Mae o'n credu y *politicos* a mae o'n credu y *militari*. Ond dim pobol i'w credu ydyn nhw.' Wrth ymateb i'r berthynas arbennig rhwng Cymru a Phatagonia, oni welwyd olion naïfrwydd a hygoeledd yn ymateb amryw Gymry hwythau? Onid yr hyn a welwyd oedd encilio i blygion mytholeg y berthynas honno mewn ymgais i ddod o hyd i unrhyw wrthbwynt i'r Prydeindod ymerodraethol a ryddhawyd gan y gyflafan? Onid dyma'r math o ymateb rhwydd a difeddwl a lambastiwyd gan y nofelydd Aled Islwyn yn *Cadw'r Chwedlau'n Fyw* ym 1984? Ac er bod

36 Cartŵn gan David Hopkins, yn dwyn y teitl 'Let Him Go?',
a gyhoeddwyd yn *The Economist* 15–21 Mai 1982.

Prys Morgan wedi cymryd y nofel honno yn fan cychwyn ar
gyfer erthygl a ddadleuai ei bod hi'n hollbwysig i Gymru ei
hailddiffinio ei hun a byw drwy ei chwedlau, y mae'n
gwestiwn ai'r math o ymateb a ysgogwyd gan Ryfel y
Falklands/Malvinas a oedd ganddo mewn golwg wrth
ddweud hynny. Y mae'n gwestiwn hefyd a gynrychiolai'r
ymateb amddiffynnol rhagweladwy y math o berthnasedd a
realaeth newydd y galwodd dau feirniad ifanc amdano
mewn llenyddiaeth Gymraeg ar y pryd, sef Wiliam Owen
Roberts ac Iwan Llwyd yn 'Myth y Traddodiad Dethol'

(*Llais Llyfrau*, Hydref 1982) ac 'Mae'n Bwrw Glaw yn Toremolinos – ac yn bryd ailddiffinio ein "traddodiad" llenyddol' (*Y Faner*, 14 Rhagfyr 1984).

Buwch sanctaidd oedd y berthynas rhwng Cymru a Phatagonia. Rhoddwyd y berthynas honno ar brawf gan argyfwng 1982. Arwydd o'r straen oedd y llythyr cryf a ymddangosodd yn *Y Cymro* ddechrau 1983 ac a ddyfynnir yn *Tros Ryddid?* Ynddo y mae Glyn Ceiriog Hughes o Drelew yn edliw i'r Cymry eu rhan yn yr hyn a eilw'n '[rh]yfel ymerodraethol Prydain Fawr ysglyfaethus a lladronllyd . . . Ar ôl rhyfel y Malvinas, mae pobl Ariannin yn meddwl am y Cymry yn union fel y Gwrcas, gan eu bod wedi teithio i'r ynysoedd yn yr un llong. Nid oes wahaniaeth, llofruddion cyflogedig ydynt oll.' Cael ei dynnu i bob cyfeiriad a wnâi John Benjamin Lewis, gŵr a symudodd o'r Gaiman i Comodoro Rivadavia yn ystod y 1950au i chwilio am waith:

> Y peth ofnadwy oedd meddwl am fachgen ifanc, mab i Gymry yn fan hyn, yn mynd i ryfel ac yn gwybod bod yna fechgyn ifanc o Gymru hefyd yn dod i gwffio ar yr ochr arall. Mae'n beth trist iawn i ni ar y ddwy ochr. Roeddan ni'n poeni amdanon ni'n hunain ac am y Malvinas, ac yn poeni am y bobl ar yr ochr arall hefyd. Roedd y peth i gyd yn boen ofnadwy i mi.

Efallai mai'r hyn a esboniai'n rhannol rywfaint o'r anallu i ddadansoddi'r Falklands/Malvinas yn ddeallusol ac yn ddychmygus oedd yr ymdeimlad o gywilydd a deimlid o'i herwydd – cywilydd bod Cymry wedi bod ynglŷn ag ymgyrch yn erbyn rhai o'r un tras. Ond faint o sentiment a faint o realiti a nodweddai'r berthynas arbennig â Phatagonia erbyn dechrau'r 1980au? Tueddd y rhai a ysgrifennodd am y rhyfel fu cadarnhau clymau'r perthyn yn bur ddigwestiwn, a dim ond un awdur Cymraeg y gwn i amdano, sef Wiliam Owen Roberts, a fu'n ddigon dewr i durio y tu hwnt i'r canfyddiad arwynebol. Stori fer ar ffurf cyfres o lythyrau rhwng dwy gyfeilles, y naill o Batagonia a'r llall o Gymru, yw 'Saludos de Patagonia' o'r gyfrol *Hunangofiant (1973–1987): Cyfrol 1 – Y Blynyddoedd Glas* (1990). Fe'i lleolwyd ym 1979, yn y cyfnod o gwmpas pleidlais Dygwyl Dewi 1979, ac awgrymir ganddi'r diffyg persbectif a'r methiant dychymyg sy'n rhwystro cynrychiolydd o ddemocratiaeth fwrgais Gymreig – a chynrychiolydd adain dde a phur adweithiol, at hynny – rhag gweld y tu hwnt i fethiant cyfansoddiadol yr ymgyrch ddatganoli a sylweddoli tynged ganmil fwy sinistr y diflanedig yn unbennaeth filwrol Ariannin.

Gweddus yw cloi drwy ddyfynnu geiriau Simon Weston sy'n cynnig persbectif pwyllog ar y rhyfel a fu'n ganolbwynt i'r ysgrif hon:

> We did not take part in a holocaust. It was not a war that will be remembered for ever. It was just another conflict, and now is just another already half-forgotten story, a more and more distant memory of Union Jacks and cheers and glory . . . My story, like those of other Falklands veterans, is not going to be recorded alongside histories of the two World Wars or the American Civil War, wars that raged for years and years and cost hundreds of thousands of lives, and in a way, I am glad. The Falklands war will die a natural death.

Ond cyn rhuthro i'w gladdu, dichon fod y weithred o gofio'r rhyfel hwn yn gam yn y proses o ddechrau ei ddeall, o'i wynebu'n aeddfed a gonest, gan gydnabod yr un pryd rywfaint o gymhlethdod ac amrywiaeth ein *hunaniaethau* Cymreig.

DARLLEN PELLACH

James Aulich (gol.), *Framing the Falklands: Nationhood, Culture and Identity* (Milton Keynes, 1992).

Anthony Barnett, *Iron Britannia: Why Parliament Waged its Falklands War* (Llundain, 1982).

Tony Conran, 'Elegy for the Welsh Dead, in the Falkland Islands, 1982', *Blodeuwedd* (Ogmore-by-Sea, 1988); ailgyhoeddwyd yn *Eros Proposes a Toast: Collected Public Poems and Gifts* (Pen-y-bont ar Ogwr, 1998).

Myrddin ap Dafydd a Geraint Løvgreen, *Tros Ryddid?* (Capel Garmon, 1983).

Max Hastings a Simon Jenkins, *The Battle for the Falklands* (Llundain, 1983).

Martin Middlebrook, *The Fight for the 'Malvinas': The Argentine Forces in the Falklands War* (Llundain, 1989).

David Monaghan, *The Falklands War: Myth and Countermyth* (Basingstoke, 1998).

Eluned Phillips, 'Clymau' yn T. M. Bassett (gol.), *Cyfansoddiadau a Beirniadaethau Eisteddfod Genedlaethol Frenhinol Cymru 1983* (Llandysul, 1983); ailgyhoeddwyd yn Eluned Phillips, *Cerddi Glyn-y-Mêl* (Llandysul, 1985).

Ioan Roberts (gol.), *Rhyfel Ni: Profiadau Cymreig o Ddwy Ochr Rhyfel y Falklands/Malvinas* (Llanrwst, 2003).

Simon Weston, *Walking Tall: An Autobiography* (Llundain, 1989); *Going Back: Return to the Falklands* (Llundain, 1992); *Moving On* (Llundain, 2003).

YSGRIFAU CYFROLAU XI–XX

Huw Walters